图解八段锦太极拳一看就懂

魏玉龙◎主编
北京中医药大学针灸推拿学院教授、博士生导师
中国第一个气功方向的医学博士

北京联合出版公司
Beijing United Publishing Co.,Ltd.

图书在版编目（CIP）数据

图解八段锦太极拳一看就懂 / 魏玉龙主编. — 北京:
北京联合出版公司, 2024. 12（2025.3重印）. — ISBN 978-7-5596-8068-6

Ⅰ. G852.9-64；G852.11-64

中国国家版本馆 CIP 数据核字第 2024KY9861 号

图解八段锦太极拳一看就懂

选题策划：

出 品 人：赵红仕

项目策划：冷寒风

责任编辑：李艳芬

项目统筹：曹营营

文图编辑：曹营营

装帧设计：罗　雷

美术编辑：吴金周

北京联合出版公司出版

（北京市西城区德外大街83号楼9层　100088）

北京天宇万达印刷有限公司印刷　新华书店经销

200千字　710毫米×1000毫米　1/16　12印张

2024年12月第1版　2025年3月第2次印刷

ISBN 978-7-5596-8068-6

定价：68.00元

前言

Foreword

现代社会，越来越多的人注重健康与养生，国术以其独特的养生方式，深受人们的青睐。作为国术精华之八段锦、太极拳、五禽戏、易筋经，在漫长的历史进程中，已逐渐与全民的健身相融合，历经千年而经久不衰。

中国的养生原则讲究“闲心”与“劳形”，即精神要悠闲，形体要运动。国术修炼的目的也是通过适量的运动来放松精神，进而达到身心和谐的完美境界。国术可以强身健体，调五脏，端正身形，还可防治生殖系统、消化系统、泌尿系统等的多种疾病。其中，八段锦动作优美、柔顺，为国术精华之集“锦”。习练八段锦能改善神经系统，调节体液功能和加强血液循环，对腹腔脏器有柔和的按摩作用。太极拳以“以静制动，动静相修”为特点，重在“修心养性”，并对治疗糖尿病、心脏病、肺部疾病以及免疫力低等都有很好的功效。五禽戏由五种模仿动物的动作组成，以“外动内静”为特点，对肩周炎和颈椎病有很好的治疗和预防效果。易筋经强调“筋”对“联络周身，通行血气”的重要性。习练易筋经可以活血舒筋，逐步加强筋脉和脏腑的功能。

全书在吸取前人经验的基础上，去其繁芜、取其精要，更注重实用性，为当下身心俱疲的现代人提供了明确的方法。希望此书的编排，可以满足广大国术爱好者的需求。

魏玉龙

北京中医药大学针灸推拿学院教授、博士生导师

中国第一个气功方向的医学博士

Part 1 强体防疾八段锦

Chapter 01 千年魅力，治病益身八段锦

Chapter 02 分步图解，站势八段锦

Part 2 24式养生简化太极拳

Chapter 01 千年传承，寻根溯源话太极

Chapter 02 分步图解，24式简化太极拳

附录一 自然养生五禽戏

目录

形神俱备，调理身心五禽戏

分步图解，绘声绘色五禽戏

强筋健骨易筋经

达摩坐禅，养生易筋经

分步图解，刚柔相济易筋经

Part 1

强体防疾
八段锦

Chapter 01

千年魅力

治病益身八段锦

传说，八段锦始创于北宋，历经千年而经久不衰。古人把这套动作比喻为“锦”，意为动作舒展如锦缎般优美、柔顺，为国术精华之集“锦”。

八段锦的起源和发展

八段锦的悠久历史

八段锦，由八节动作组成，又因其动作古朴优雅，所以得此名。八段锦并不是一种拳术，而是一种内功养生健身功法，由《易筋经》天门第三节“千把攒”演变而成，大约形成于12世纪。八段锦分为站势八段锦和坐势八段锦。站势八段锦又称武八段，多为马步势或直立势，俗称北派，多适合青壮年与体力充沛者习练；坐势八段锦又称文八段，多用坐势，注重凝神行气，适合年老体弱者习练。

八段锦是一种十分优秀的传统健身功法，它不仅简单易学，而且历史悠久，流传广泛，深受人民群众的喜爱。在东晋许逊的《灵剑子引导子午记》中，有关于八段锦锻炼方法的记载。但最早出现八段锦名目的是宋代洪迈所著的《夷坚志》一书。因此大部分人认为八段锦是在宋代时编创的。

实际上，对于八段锦的起源历来说法不一。有史料记载，健身气功八段锦的起源可以追溯到远古时代。四千多年以前，中原大地洪水泛滥，百姓深受雨水潮湿的侵害，筋骨萎缩而不健壮，气血淤滞而不通。

这时，古代先民创编了“舞”，用来摆脱这些疾病的

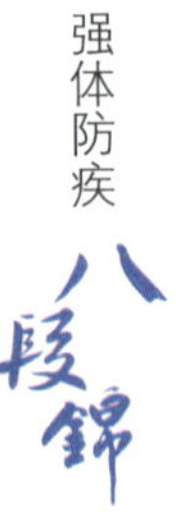

纠缠。这种 “舞” 后来就逐渐演变成导引术，其中很多动作与八段锦相似。 还有其他史料记载，八段锦是因岳飞将军见当时宋朝兵将远离家乡八千里，士气低落，为了加强体能、提高士气，于是命一位姓牛的将军拟定一套功夫，集体操练。此套功夫由八个动作组成，故曰“八段锦” 。

其实，直到今天，八段锦究竟为何人、何时所创，尚无定论。但可以得知的是：八段锦是历代养生家和习练者共同研究、编创而成的，是古人智慧和劳动的结晶。

八段锦能达到相当好的健身祛病、增智开慧的效果，而且安全可靠，简单易学，适合于男女老少各种人群。新中国成立后，党和政府对民族体育事业高度重视，于20世纪50年代后期，先后出版了唐豪、马凤阁等人编著的《八段锦》。随之，习练八段锦的群众逐年增加，到20世纪80年代初，八段锦作为民族传统体育项目进入了大专院校，这极大地推动与发展了八段锦的理论与内涵。及至今日，八段锦经过更为细致的研究和修改，已成为普通老百姓的养神健身法，并日趋大众化。

不同类型的八段锦

依习练形式分

按照习练形式，八段锦分为站势八段锦和坐势八段锦。顾名思义，两者的主要区别在于站立和静坐。

站势八段锦属古代导引术，在其发展演变过程中，无论哪一时期、哪一流派，始终没有脱离以形体锻炼为主的功法特点。它通过对肢体的运动，从而达到强壮筋骨、增强脏腑机能、疏通经络、调和气血的功效。站势八段锦的流传及应用比坐势八段锦更为广泛，影响更大。

依地域划分

八段锦依地域划分可分为南、北两派。南派多以站势动作为主，且行功时动作柔和缓慢，刚柔相济，后又分化出一种坐势八段锦；北派多以蹲马步为主，动作以刚武有劲为主。实际上，无论是“南派”八段锦还是“北派”八段锦，在功法上没有显著区别，只是精、气、神的贯注“点”不同而已。

◆依功能划分

八段锦按照功能可以划分为健身八段锦、祛病八段锦及养生八段锦三类。其中，健身八段锦与少林寺的僧拳有关，练功的着重点在于壮力；祛病八段锦即坐势八段锦，它的每一个动作针对不同的病症，对应着身体的五脏六腑，因此，具有很好的祛邪、祛疾功效；而养生八段锦与以上两者都不同，其根本目的或宗旨在于增进健康，延年益寿，其动作简单，方法易记，流传较广，而本书所讲的也正是养生八段锦。

站势八段锦的功法特点和养生功效

●站势八段锦的功法特点

◆动作

八段锦是以肢体运动为主要特点的导引术，它通过肢体运动强壮筋骨，调理脏腑，疏通经络，调和气血，从而达到强身健体的目的。其功法特点主要表现为：“势”正“招”圆。整套动作看似横平竖直、柔和缓慢，但却方圆相应、松紧结合。八段锦的每段中均体现了这一风格。如“左右开弓似射雕”一式，两手自胸前开弓至两侧，再由两侧弧形下落，动作以横平为起点，以半圆为路径，在方正中体现开弓时的抻拉之力和回收时的松柔之美。八段锦的功法特点是在动作进入熟练阶段后，自然而然进入的一种求松静、分虚实、讲刚柔、知内劲的状态。在初学阶段要掌握每一式的动作要领，先求动作方整，再求动作圆活；先体会柔和缓慢，再体会动静相兼。

◆呼吸

八段锦在练习时采用逆腹式呼吸，同时配合提肛呼吸。具体方法是：吸气时提肛、收腹、膈肌上升；呼气时膈肌下降、松腹、松肛。与动作结合时遵循起吸落呼、开吸合呼、蓄吸发呼的呼吸原则。在每一段主体动作中的松紧与动静的变化交替处采用闭气。如“两手托天理三焦”一式，两手上托时，吸气；保持抻拉时，闭气；两手下落时，呼气。在动作的初学阶段，要以自然呼吸为主，不要刻意追求呼吸的细、匀、深、长，不要刻意追求呼吸与动作的配合，不要让呼吸成为心理负担，以免出现头晕、恶心、心慌、气短等现象。要因人而异，量力而行，动作与呼吸的配合要顺其自然，在循序渐进中进入不调而自调的状态。

◆意念

练习八段锦时意念活动不是守一，而是要意想动作过程。不同的习练阶段，其意念活动也是不一样的。在练功初期，意念活动主要在动作要领和动作规格上，这一阶段动作要正确，路线要准确；在功法提高阶段，意念活动主要在动作的风格特点和呼吸的配合上，要不断改进和提高动作质量，肌肉感觉由紧到松；在功法熟练自如阶段，意念活动随呼吸、动作的协调而越来越自然，做到形与神和，意与气和。在松静、愉悦的心理条件下，在似守非守的意念活动中，解除各种紧张状态，做到功法自然流畅，从容自如。

●站势八段锦的养生功效

八段锦不仅动作优美，而且可以祛病保健，它是由八节不同动作组成的一套医疗康复体操，也是一种较好的体育运动。

◆动作柔而缓

八段锦柔而缓的运动方式可以让身体充分放松，使人体自身的调节功能发挥到极致，因此有利于身体健康。它能使全身筋脉得以舒展，经络得以顺畅，从而达到柔筋健骨、养气壮力的功效。现代研究也已证实，通过练习八段锦，人体血管弹性明显改善，心肌收缩更加有力。

◆动作松紧结合

练功时要做到松中有紧、紧中有松。松是贯穿整个动作的，而紧只是一瞬间。这种松紧的动作要配合协调，且要频繁转换，这样不仅有助于调节机体的阴阳协调能力，还能达到关节润滑、气血流通、强筋壮骨的作用。从现代科学的角度观察，八段锦是一种小负荷运动，对神经系统、心血管系统、消化系统、呼吸系统及运动器官都有良好的调节作用。

◆基础姿势——站桩

站桩是气功中最常见的调身手段，是一种很好的健体方式。俗话说："人老腿先老。"站桩能够促使下肢肌肉、筋腱规律性地蠕动，从而达到回流血液和布散经气的功效。坚持适量的站桩既可以提高腿部的力量和平衡能力，又可以延缓衰老。研究结果表明，站桩能达到"体外反搏"，加速下肢血液回流到躯干和头颈，从而使心、脑、肾等重要器官的血液循环增强，达到预防心脑血管疾病的功效。

◆锻炼的中心部位——脊柱

习练八段锦时要做到重心上、下、左、右不断转换，并力求身体平衡，动作连贯相随；同时要求所有动作需通过一个中心——脊柱来指挥，也就是说，要由腰脊运动来带动全身。脊柱具有支撑身体、保护内脏的功能。由于所有支配肢体脏腑的神经根都在脊柱两侧分布着，因此脊柱又有人体"第二生命线"的美称。八段锦通过对脊柱的拉伸旋转，刺激疏通任、督二脉，从而起到整体调节、锻炼全身的效果。

◆中小强度的有氧运动

小强度锻炼是八段锦健身养生的一个重要特色。唐代名医孙思邈曾在《备急千金要方》中提到："养性之道，常欲小劳，但莫大疲及强所不能堪耳！且流水不腐，户枢不蠹，以其运动故也。”从古至今，因过度运动导致疾病的比比皆是，积劳成疾。因此，适度的运动有利于身体的健康。在蒲虔贵所撰的《保生要录》中也记叙了“小劳”的功效：“事闲随意为之，各数十过而已。每日频行，必身轻、目明、筋壮，血脉调畅，饮食易消，无所壅滞。体中小有不佳，快为之即解。”这说明了只要坚持练习，就能达到保健的功效。八段锦正是这样一种运动量适中的“小劳”之术。

总之，八段锦除有强身益寿作用外，对头痛、眩晕、肩周炎、腰腿痛、消化不良、神经衰弱诸症也有防治功效。由于现代人每天工作紧张、缺乏锻炼，经常会感到四肢无力、腰酸背痛、精神不佳，如果坚持习练八段锦，会让你工作效率大大提高，精神为之大振。

站势八段锦的习练宜忌

宜忌

（1）练功衣要宽松，不能穿紧身服、高跟鞋之类的，且练功阶段要注意补充营养。

（2）练功中和练功后，要避免风吹日晒，更不要冷水洗浴。

（3）初练者在时间上要注意“延长法”，即开始练习5分钟便可，随着动作的熟练再逐渐延长，一般在1周内延长到30分钟左右。

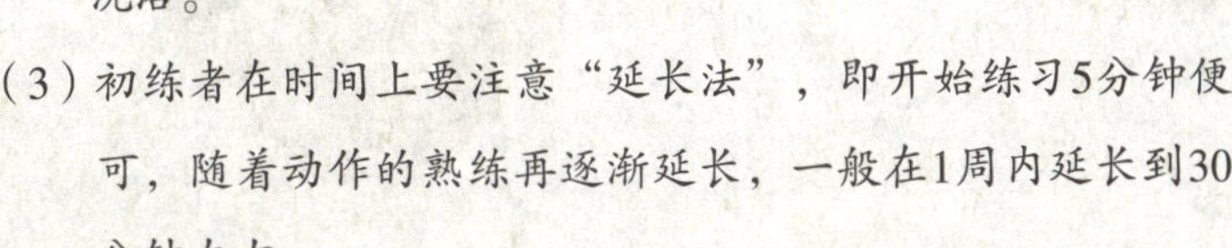

（4）如果有患病或发热、出血、外伤等情况时，暂停练功。女性在月经期不宜练功。

（5）如练功中出现头晕、恶心等现象，马上暂停练功。尤其是年老或体弱多病者更要注意时间的调节。

（6）收功时要慢慢进行，先散步1～3分钟，要轻轻活动筋骨，按摩头面，且收功后不宜立即干重体力活。

手型

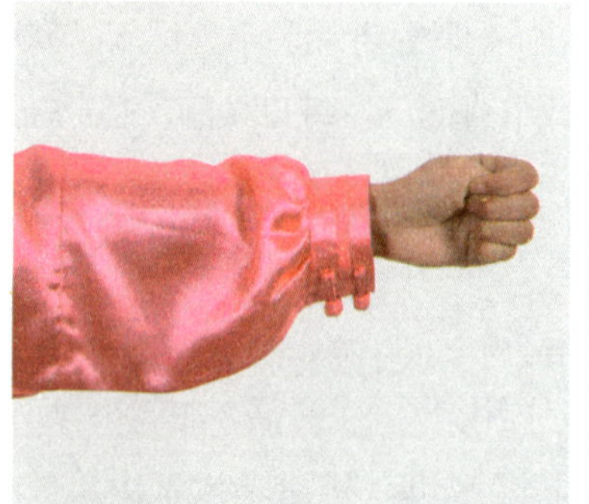

用大拇指抵掐无名指根部指节内侧，其余四指弯曲收于掌心。

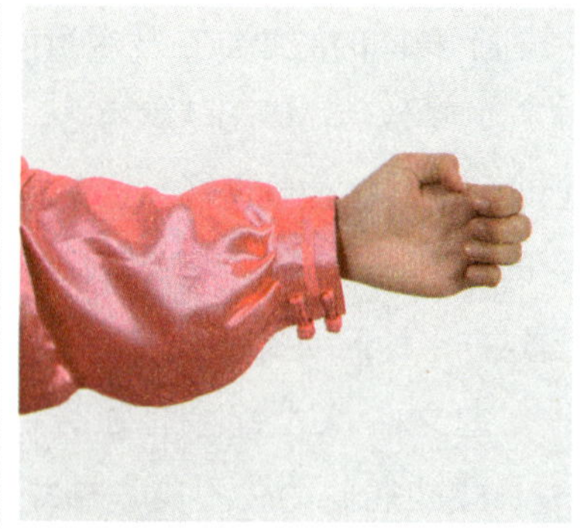

伸直手腕，五指并拢，大拇指第一指节、其余四指第一、二指节屈收扣紧。

五指稍分开，微屈，掌心微含。

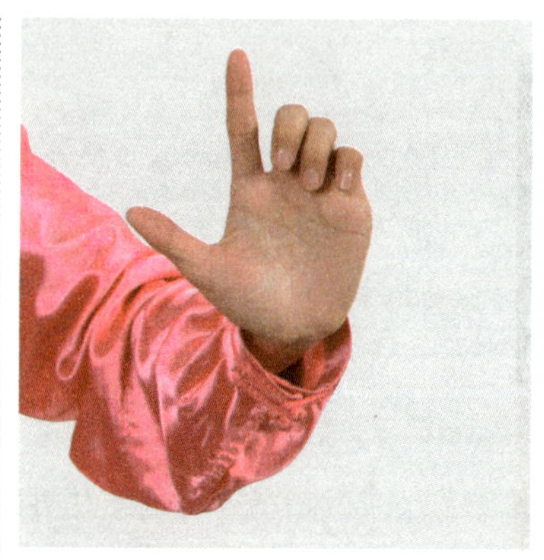

拇指与食指分开成八字状，食指竖起，其余三指第一、二指节屈收，掌心微含。

步型

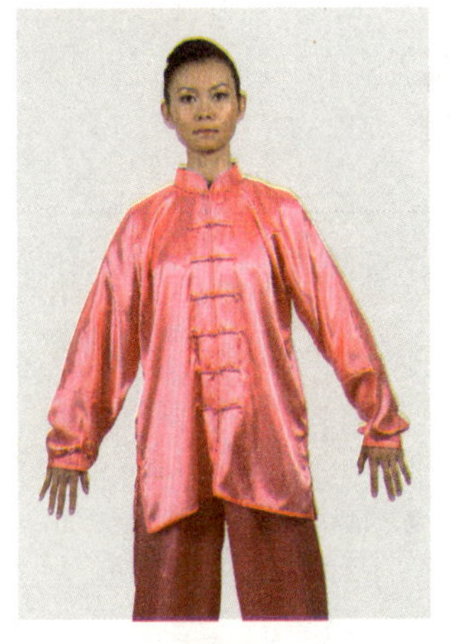

含胸拔背。练拳时胸不可前挺，要明显内收，而且松舒自然。拔背是脊椎有放松拔长之意。

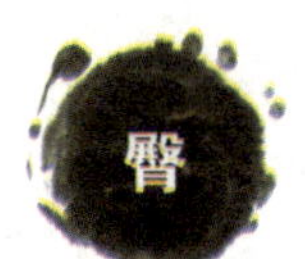

臀部要收敛。不可突出或者左右摇摆，腰脊意向下，尾骨向上翻，小腹松舒自然，使尾闾保持中正。

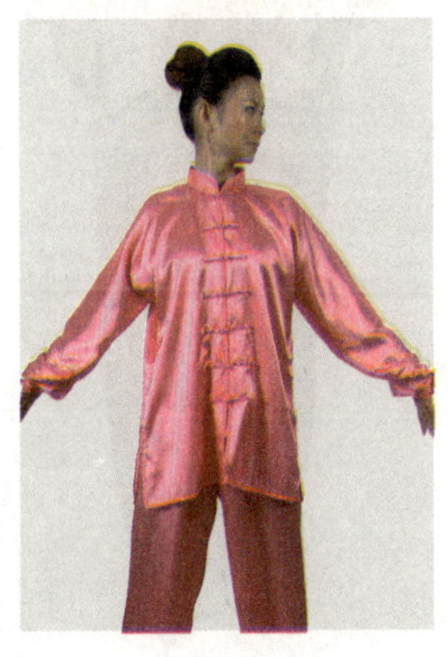

八段锦对腰部的要求是：松、沉、直。“松”是为了气沉丹田和转动灵活；“沉”是为了气不上浮，下肢稳定有力；“直”能使脊椎骨节松舒，有上下拔长之感，使转动时能够保持中正安舒，同时腰脊椎骨有后撑之意。

Chapter 02

分步图解

站势八段锦

预备势

健身功效

静心宁神，调理五脏，端正身形，从精神和身体上为后面的习练做好充分的准备。

1

◆步骤一

双脚并拢站立，双臂自然垂于体侧，身体直立；目视前方。

动作分解

动作要领

徐徐呼吸，气沉丹田，身心放松。

百会上顶，下颌微收，舌抵上腭，双唇微闭。

外旋时，双臂的动作呈抱球状，肩、肘、腕成圆弧状。

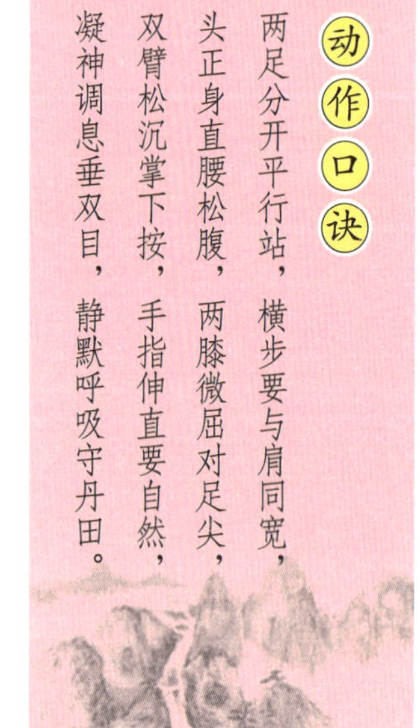

动作口诀

两足分开平行站，横步要与肩同宽，
头正身直腰松腹，两膝微屈对足尖，
双臂松沉掌下按，手指伸直要自然，
凝神调息垂双目，静默呼吸守丹田。

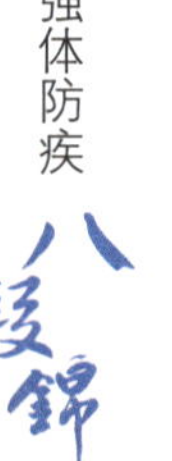

◆**步骤二**

松腰沉髋，身体重心随之移至右腿，左腿向左侧开步，脚尖朝前，双脚距离约与肩宽；目视前方。

◆**步骤三**

两臂内旋，双掌分别向两侧摆起，约与髋同高，掌心向后；目视前方。

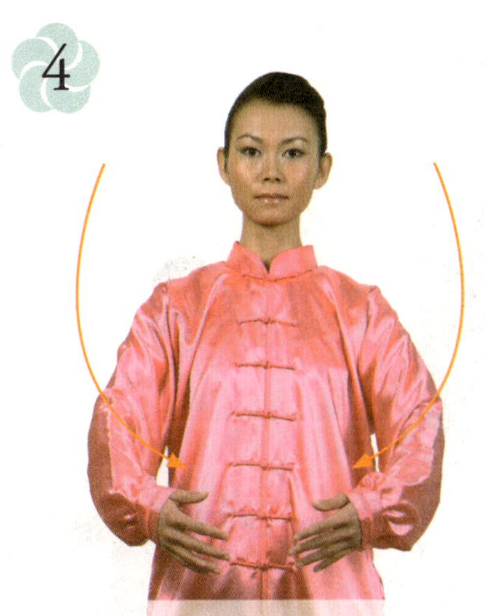

◆**步骤四**

两臂继续上起，两膝稍屈，两臂随即外旋，向前合抱于腹前呈圆弧形，约与肚脐同高，掌心向内，指尖相对，两掌距离约10厘米；目视前方。

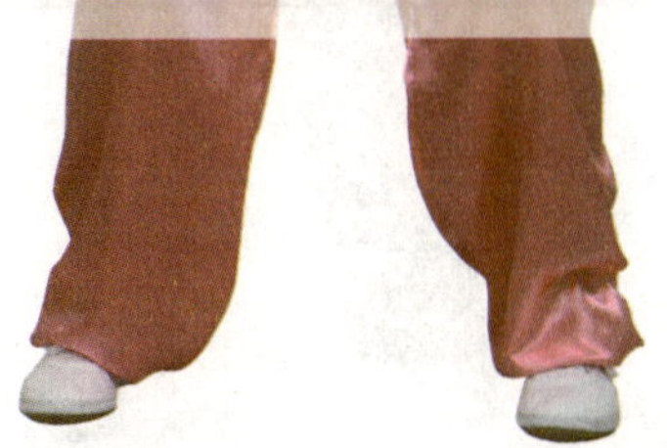

常见习练误区

误区一 站立时，八字脚。

正确练法：双脚平行站立，约与肩同宽。

误区二 双手抱球时，大拇指上翘，其他四指斜向地面，双腿呈“跪”状。

正确练法：大拇指放平，指尖相对，双膝微屈。

错误：

·第一段锦

两手托天理三焦

健身功效

两手交叉上托，缓慢用力拉伸，可使习练者的五脏得到舒展，并可调和气血运行，达到调理三焦的作用；而拉长躯干与上肢各关节周围的肌肉、韧带及关节软组织，对防治肩部疾患、预防颈椎病等也具有很好的疗效。

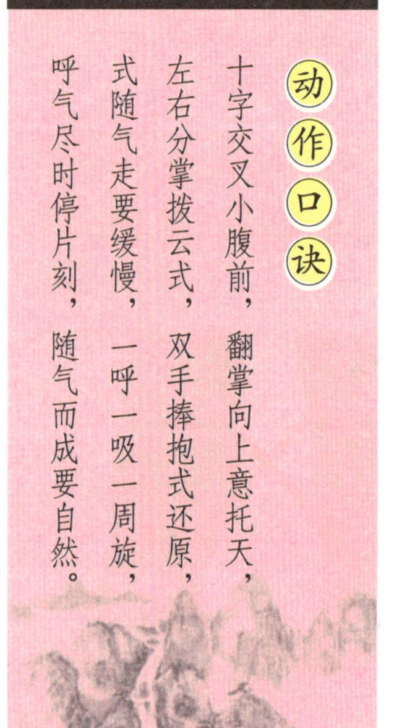

1

Attention

*注：双手交叉于肚脐下5厘米处，与腹部成直角。

2

◆步骤一

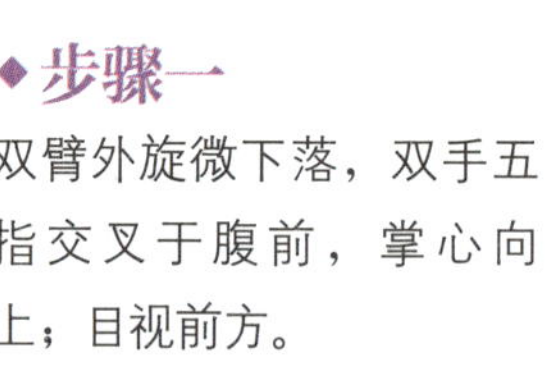

双臂外旋微下落，双手五指交叉于腹前，掌心向上；目视前方。

◆步骤二

两腿缓缓挺膝伸直，两掌随之上托至胸前。

◆步骤三

双臂内旋向上托起，掌心向上；抬头，目视双掌。双臂继续上托，肘关节伸直，不耸肩；同时，头摆正，下颌内收，动作略停；目视前方。

◆步骤四

身体重心慢慢下降，两膝微屈，十指分开，两臂分别向体侧下落，两掌捧于腹前，掌心向上；目视前方。本式共做6遍。

动作要领

两掌上托时要打开身体，稍有停顿，保持拉伸，如伸懒腰一般。

两掌上撑时，力在掌根；肘关节伸直，不能弯曲。

两臂由体侧下落时，由腰至胸、由胸至肩依次放松。

·第二段锦

左右开弓似射雕

健身功效

利于矫正不良姿势，对于肩、颈等疾病也有很好的治疗效果；同时，还能有效地锻炼下肢肌肉力量，增强手臂和手部的肌肉力量，提高手腕及手指的灵活性。

◆步骤一

身体重心右移，左脚向左侧横开一步，两腿伸直；同时，双手向上交叉于胸前，掌心向内，左手在外，右手在内；目视前方。

1

动作口诀

马步下蹲要稳健，双手交叉左胸前，
左推右拉似射箭，左手食指指朝天，
势随腰转换右式，双手交叉右胸前，
右推左拉眼观指，双手收回式还原。

2

◆步骤二

缓缓屈膝，身体下蹲成马步，右手屈指成爪，拉至右肩前；同时左手成八字掌，左臂内旋，向左推出，约与肩同高，立腕，掌心向左，整个动作就像拉弓射箭一般，稍停；目视左掌上方。

◆**步骤三**

上体稍起，重心右移；同时右手五指展开成掌，向上、向右画弧至约与肩同高，指尖向上，掌心斜向前；左手指也展开成掌，掌心斜向后；目视右掌。

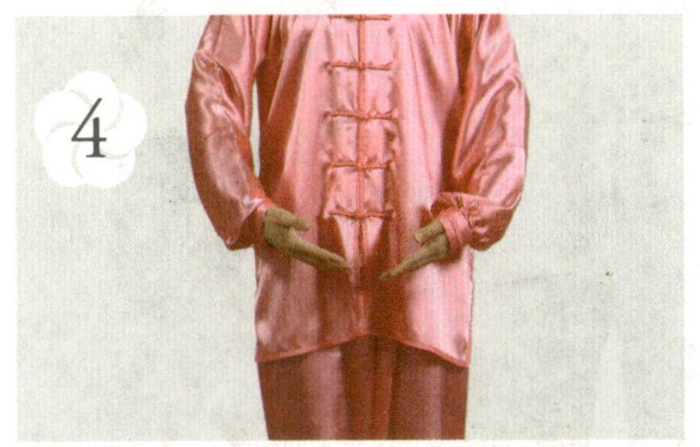

◆**步骤四**

身体重心继续右移，左脚随即收至右脚内侧，并步站立；同时双掌分别由两侧下落，掌心向上，指尖相对，捧于腹前；目视前方。

◆**步骤五**

身体重心左移，右脚向右侧横开一步，两腿伸直；同时，双手向上交叉于胸前，掌心向内，右手在外，左手在内；目视前方。

◆**步骤六**

缓缓屈膝，身体缓缓下蹲成马步，左手屈指成爪，拉至左肩前；同时右手成八字掌，右臂内旋，向右推出，约与肩同高，立腕，掌心向外，整个动作就像拉弓射箭一般，稍停；目视右掌上方。

◆**步骤七**

上体稍起，重心左移；同时左手五指展开成掌，向上、向左画弧至约与肩同高，指尖向上，掌心斜向前；右手指也展开成掌，掌心斜向后；目视左掌。

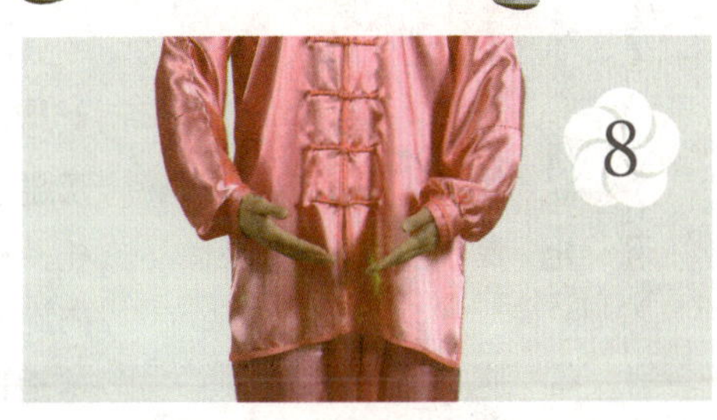

◆**步骤八**

身体重心继续左移，右脚随即收至左脚内侧，并步站立；同时双掌分别由两侧下落，掌心向上，指尖相对，捧于腹前；目视前方。本式一左一右为一遍，共做3遍。

·第三段锦

调理脾胃须单举

健身功效

此段锦可以锻炼脊柱内各椎骨间小关节及肌肉，从而增强脊柱的灵活和稳定性，起到预防肩、颈疾病的功效；同时，还会刺激到腹、胸等部位的相关经络及穴位，达到调理脾、胃、肝、脏的作用。

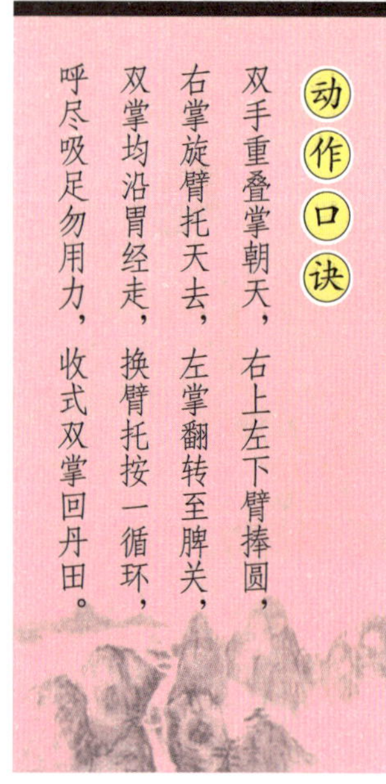

动作口诀

双手重叠掌朝天，右上左下臂捧圆，
右掌旋臂托天去，左掌翻转至脾关，
双掌均沿胃经走，换臂托按一循环，
呼尽吸足勿用力，收式双掌回丹田。

1

◆步骤一

两腿慢慢挺膝伸直，左掌随之上托，左臂经面前外旋上穿，随之内旋上举到头左上方，肘微屈，掌指向右，掌心向上，力达掌根；同时右掌微微上托，右臂随之内旋下按至右髋旁，肘微屈，掌指向前，掌心向下，力达掌根，稍停；目视前方。

◆ **步骤二**

松腰沉髋，重心缓缓下移，两腿微屈；同时左臂屈肘外旋，左掌随之经面前下落于腹前，掌心向上；右臂外旋，并向上捧于腹前，两掌掌心向上，指尖相对，距离约为10厘米；目视前方。

◆ **步骤三**

两腿慢慢挺膝伸直，右掌随之上托，右臂经面前外旋上穿，随之内旋上举到头右上方，肘微屈，掌指向左，掌心向上，力达掌根；同时左掌微微上托，左臂随之内旋下按至左髋旁，肘微屈，掌指向前，掌心向下，力达掌根，稍停；目视前方。

◆步骤四

松腰沉髋，重心缓缓下移，两腿微屈；同时右臂屈肘外旋，随之经面前下落于腹前，掌心向上；左臂外旋，并向上捧于腹前，两掌掌心向上，指尖相对，距离约为10厘米；目视前方。本式一左一右为1遍，共做3遍。

◆步骤五

做完最后一遍的最后一个动作后，双臂屈肘，双掌下按在左右髋旁，掌指向前，掌心向下；目视前方。

动作要领

肩周炎患者做这套动作时要缓慢，不可急速。

手掌上托时，要舒胸展体，拔长腰脊，力在掌根。

配合呼吸法，即双手争力时吸气，双手下落时呼气；手上举时吸气，手下沉时呼气。

常见习练误区

误区 左手上托、右手下按时，上体不够舒展，肘关节较直，掌指方向不正确。

正确练法：做这个动作时，要身体挺拔拉长，舒展胸廓，以肩力带动双手的上举或下按；同时，肘关节保持自然弯曲，左掌掌心向上，掌指向右；右掌掌心向下，掌指向前。

·第四段锦

五劳七伤往后瞧

健身功效

上肢伸直、外旋、扭转的运动，可以扩张胸腔、牵拉腹腔；同时，“瞧”的转头动作，也可以刺激颈部大椎穴。整体来看，此套动作既可预防眼肌疲劳，防治肩、颈、背等疾病，还可改善血液循环，解除神经疲劳。

动作口诀

双掌捧抱似托盘，翻掌封按臂内旋，
头应随手向左转，引气向下至涌泉，
呼气尽时平松静，双臂收回掌朝天，
继续运转成右式，收式提气回丹田。

图解动作

◆步骤一

两腿缓缓挺膝伸直，同时双臂向两侧伸展，掌心向后，指尖向下；目视前方。

◆步骤二

接着，两臂充分外旋，掌心向外，头向左后转，稍停；目视左斜后方。

3

4

◆ 步骤三

身体重心慢慢下降，两膝微屈，十指分开，两臂分别向体侧下落，掌心向下，按于髋旁；目视前方。

◆ 步骤四

两腿缓缓挺膝伸直，同时双臂向两侧伸展，掌心向后，指尖向下；目视前方。

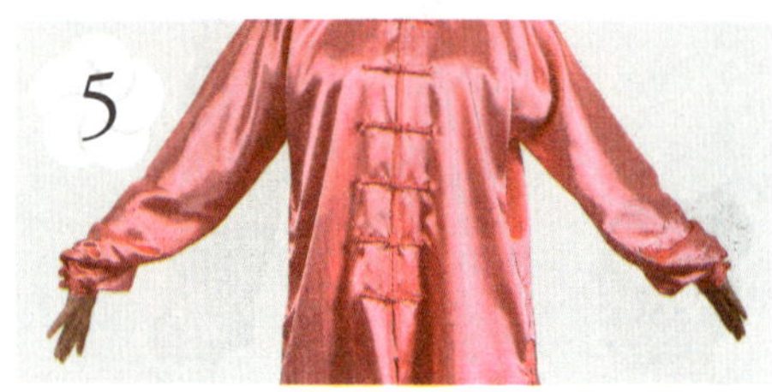

5

◆ 步骤五

接着，两臂充分外旋，掌心向外，头向右后转，稍停；目视右斜后方。

6

◆ 步骤六

松腰沉髋，重心缓慢下移，两膝微屈；同时两臂内旋，两掌按于髋旁，掌心向下，指尖向前；目视前方。

动作要领

患有颈椎病者，做这一式时要循序渐进，转头动作不宜过快，幅度不宜过大。如果病情较严重，建议慎做。

头向上顶，肩向下沉，转头不转体。

手掌充分外旋，从而牵动手臂向外旋转。

配合呼吸法，头向后转时吸气，还原时呼气。

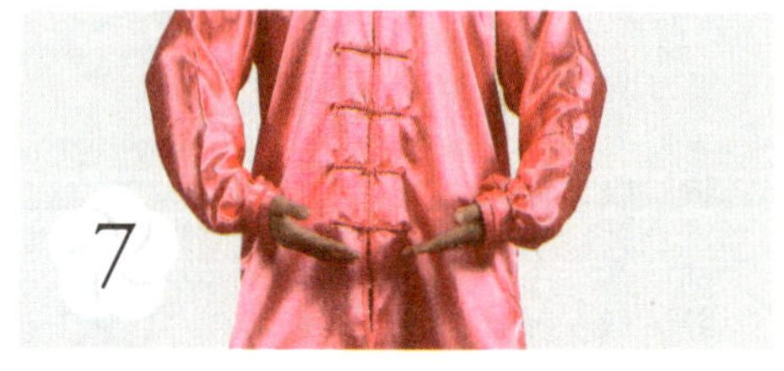

7

◆ 步骤七

本式左右共做3遍，3遍结束后，两腿微屈，两掌随之捧于腹前，掌心向上，指尖相对；目视前方。

·第五段锦

摇头摆尾去心火

健身功效

摇头可以刺激大椎穴，摆动尾闾可以刺激脊柱和命门穴，整式动作增强了颈、腰、髋的关节灵活性和力量。

动作口诀

马步仆步可自选，双掌扶于膝上边，
头随呼气宜向左，双目却看右足尖，
吸气还原接右式，摇头斜看左足尖，
如此往返随气练，气不可浮意要专。

◆步骤一

身体重心左移，右脚随之向右横迈一步，双腿膝关节自然伸直；同时，两掌上托约与胸同高，两臂内旋，两掌继续上托至头上方，肘微屈，掌心向上，指尖相对；目视前方。

◆步骤二

两腿慢慢屈膝并半蹲成马步，同时两臂向两侧下落，两掌扶于大腿上方，肘微屈，小指侧向前；目视前方。

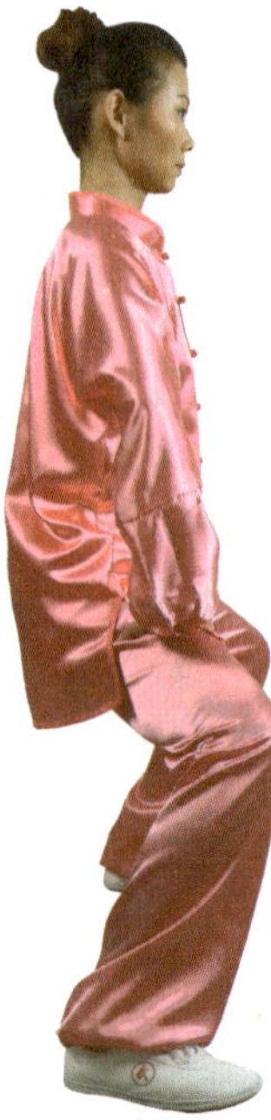

◆步骤三

身体重心稍向上提，再慢慢右移，上半身先向右倾，随之俯身，目视右脚。

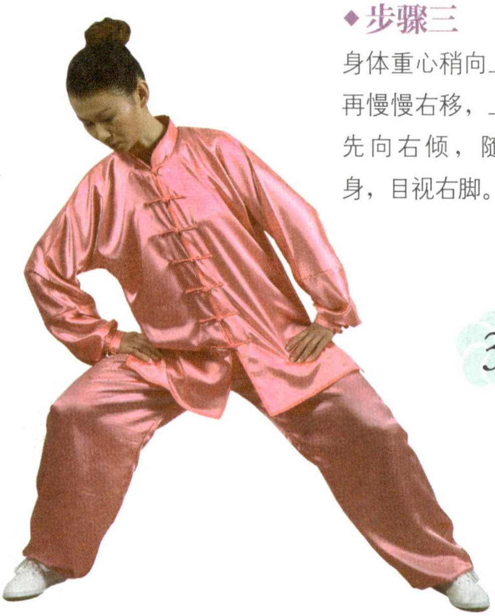

◆步骤四

身体重心从右移向左，同时，身体由右向前、向左旋转；目视右脚。

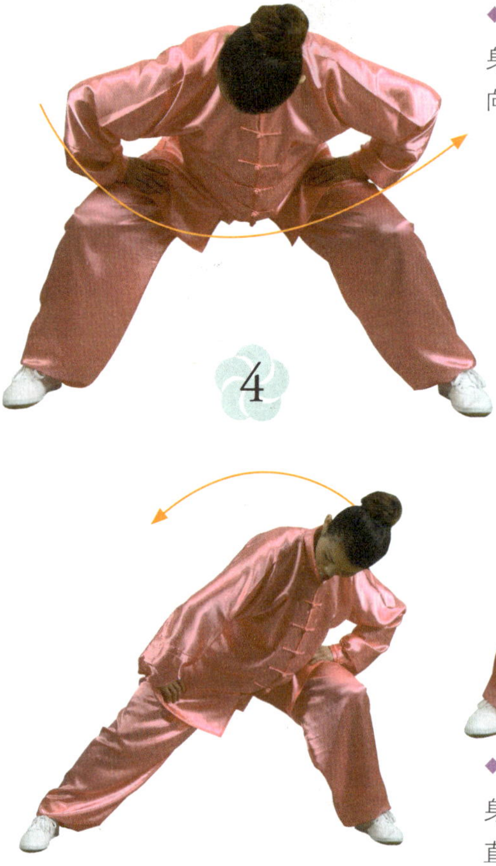

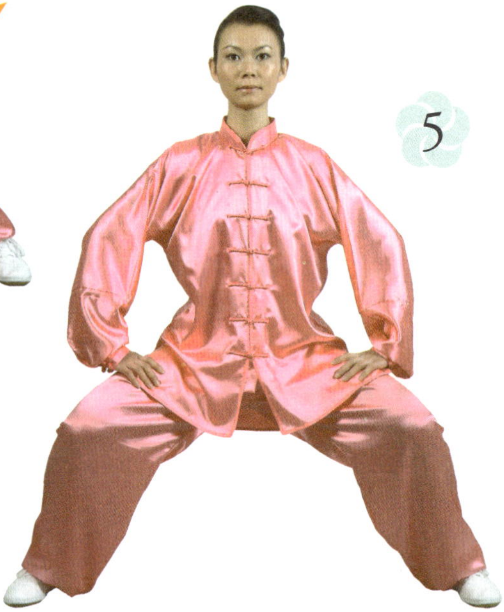

◆步骤五

身体重心从左移向右，蹲成马步；同时，上体直立，头向后摇，下颌微收；目视前方。

◆**步骤六**

身体重心稍向上提，再慢慢左移，上半身先向左倾，随之俯身，目视左脚。

◆**步骤七**

身体重心从左移向右，同时，身体由左向前、向右旋转；目视左脚。

◆**步骤八**

身体重心从右移向左，蹲成马步；同时，上体直立，头向后摇，下颌微收；目视前方。

◆步骤九

本式左右共做3遍，做完第3遍后，身体重心再向左移，右脚收回，双脚成开立步，距离约与肩同宽；同时，两掌向外经两侧上举，掌心相对；目视前方。

◆步骤十

松腰沉髋，重心缓慢下移，两腿微屈，两掌经面前下按至腹前，掌心向下，指尖相对；目视前方。

常见习练误区

误区 头部摇转时，脖颈僵硬，且身体前倾过大，甚至随头部的运动而摇摆。

正确练法：颈椎部肌肉放松、拉长；如果身体以腰为轴俯身时，那么上体的前倾幅度与腿看似在一条直线上即可。

动作要领

“摇头摆尾去心火”是八段锦中最难、最复杂的一式，初学者可适当调整重心和马步的距离，尤其是年老体弱者及关节病患者。

蹲马步时，身体不能太前倾，重心要在两腿之间，立腰竖颈，不能翘臀。

步型由马步转为偏马步时，右腿弯曲，左腿微屈，身体重心在右腿，且上半身倾斜。

摇转时，腰部力量引导上体进行移动，且脖颈和尾闾对拉伸长。

配合呼吸法，头身向左后方（或右后方）摇时吸气；从后方向前摇时呼气。

·第六段锦

两手攀足固肾腰

健身功效

可防治生殖、泌尿系统等慢性病，达到固肾壮腰的作用。另外，对于肾、肾上腺及输尿管也有很好的刺激和改善作用。

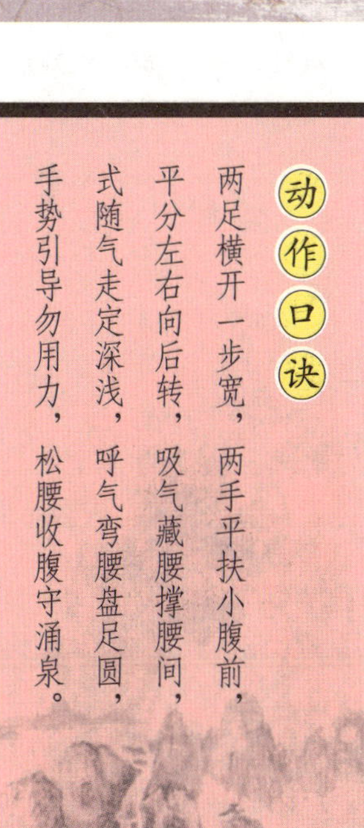

1

◆步骤一

两腿挺膝站立，同时两掌指尖向前，手臂向前上方举起，掌心向前，肘关节伸直；目视前方。

◆**步骤二**

两臂外旋，掌心相对，屈肘，两掌下按至胸前，指尖相对，掌心向下；目视前方。

◆**步骤三**

两臂外旋至两掌心朝上，然后两手顺腋下往后插；目视前方。

◆**步骤四**

两掌由内沿脊柱两侧朝下摩运至臀部，上体随之前俯，两掌继续沿腿后向下摩运，过脚两侧置于脚面，抬头，稍停；目视前下方。

◆步骤五

两掌沿地面前伸，手臂随之带动上体起立，两臂伸直向上举，掌心向前；目视前方。

5

◆步骤六

本式共做6遍，做完第六遍后，松腰沉髋，重心下移，两掌由内沿脊柱两侧朝下摩运至臀部，上体随之前俯，两掌继续沿腿后向下摩运，过脚两侧置于脚面，抬头，稍停；目视前下方，然后回复。

动作要领

年老体弱或患病者，要根据自身情况灵活调整习练幅度，不可强求。

两臂外旋，两手随之后插腋下时，动作要缓慢，全身放松。

反复摩运的动作要适当用力，到足面时切记松腰沉肩，两膝挺直。

配合呼吸法，即手上举时吸气，身体前俯、握足时呼气；直腰后仰头时吸气，再直腰时呼气。

常见习练误区

误区一 两手往腋下后插时，容易出现塌腰、八字脚。

正确练法：保持身体自然直立，两脚脚尖朝前，脚跟外撇。

误区二 起身时，身先动，臂后跟。

正确练法：向上起身时要以臂带身。

·第七段锦

攒拳怒目增气力

健身功效

中医认为，“肝主筋，开窍于目”，而本式中的“怒目瞪圆”可刺激肝经，调理肝血，进而强健筋骨；两腿下蹲，双手攒拳、抓握、旋腕等动作可刺激手、足经脉及穴位，长期习练，可使全身肌肉结实，气力增加。

动作分解

◆步骤一

身体重心右移，左脚向左侧横跨一步，双腿屈膝，半蹲成马步；同时双手握拳，拳眼向上；目视前方。

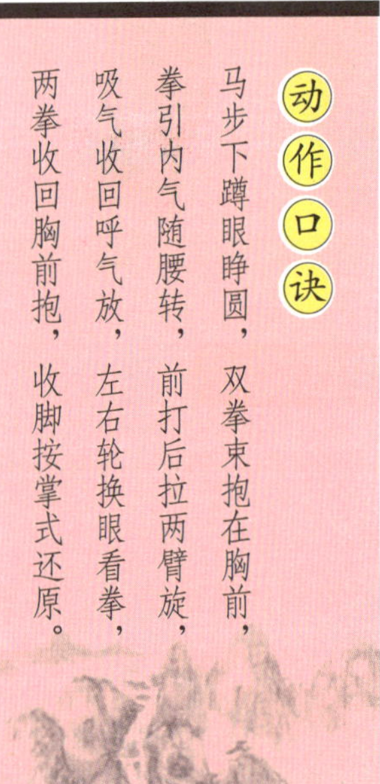

动作口诀

马步下蹲眼睁圆，双拳束抱在胸前，
拳引内气随腰转，前打后拉两臂旋，
吸气收回呼气放，左右轮换眼看拳，
两拳收回胸前抱，收脚按掌式还原。

◆步骤二

左拳缓缓用力向前方击出，约与肩同高，拳眼朝上；瞪目，目视左拳击出方向。

◆步骤三

左臂内旋，左拳随之变为掌，虎口朝下；目视左掌。

◆步骤四

左臂外旋，屈肘，同时左掌向左缠绕，变掌心向上后握拳；目视左拳。

◆步骤五

屈肘，左拳内旋、回收至腰际，拳眼朝上；目视前方。

◆步骤六

右拳缓缓用力向前方击出，约与肩同高，拳眼朝上；瞪目，目视右拳击出方向。

◆步骤七

右臂内旋，右拳随之变为掌，虎口朝下；目视右掌。

◆步骤八

右臂外旋，屈肘，右掌向右缠绕，变掌心向上后握拳；目视右拳。

◆步骤九

屈肘，右拳回收、内旋至腰际，拳眼朝上；目视前方。做3遍，做完后，双臂自然下垂，双腿并拢，放松。

·第八段锦

背后七颠百病消

健身功效

足趾抓地，刺激足部经脉，可调节脏腑功能；颠足刺激脊柱与督脉，锻炼小腿肌肉力量，通畅全身经络气血，提高人体平衡能力。

Attention

＊注：一起一落为1遍，共做7遍。

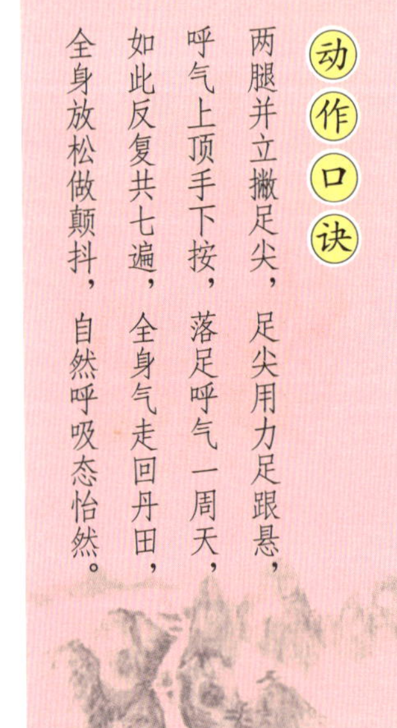

动作口诀

两腿并立撇足尖，足尖用力足跟悬，
呼气上顶手下按，落足呼气一周天，
如此反复共七遍，全身气走回丹田，
全身放松做颠抖，自然呼吸态怡然。

◆ **步骤一**

双脚脚后跟向上提起，头上顶，动作稍停；目视前方。

◆ **步骤二**

双脚脚跟向下落地，轻震地面；目视前方。

收势

健身功效

气息归元，肢体肌肉放松，保持心情愉悦轻松，从而进一步加强练功效果。

动作口诀

气息归元守丹田，
静养一会儿再还原。

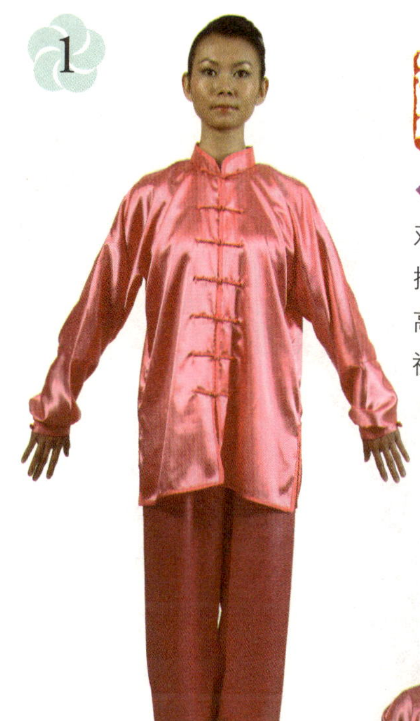

动作分解

◆步骤一

双臂内旋，朝两侧摆起，约与髋同高，掌心向后；目视前方。

◆步骤二

两臂屈肘，两掌相叠于丹田处（男性左手在内，女性右手在内）；目视前方。

双臂自然下落，双掌轻贴于身体两侧；目视前方。

动作要领

身体放松，呼吸自然，体态安详。

双臂内旋侧摆时，约与髋同高，掌心向后。

常见习练误区

误区 收功后心浮气躁，急于走动。

正确练法：收工时应心平气和，适当做一些调理活动，比如搓手、浴面、甩手等动作。

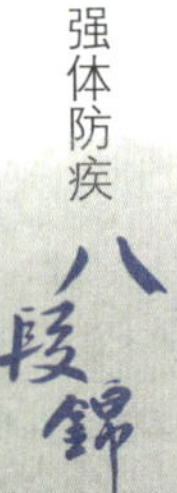

Part 2

24式
养生简化太极拳

Chapter

01

千年传承

寻根溯源话太极

“太极者，无极而生，动静之机，阴阳之母也。”关于它的起源众说纷纭。但无论太极起源于何，怎样发展，其保健养生的本质一直未变过。

 太极拳的起源和发展

太极拳的起源

太极拳历史悠久，门派繁多，讲究形体规范，追求精神传意，注重内外兼修，是一种武术项目，也是体育运动和健身项目。系统归纳起来，中华武术无外乎“外功拳”和“内功拳”两大类。外功拳以少林拳为代表，内功拳则以太极拳为代表。

关于太极拳的起源，众说纷纭。有人说是张三丰所创，也有人认为是梁时韩拱月、程灵洗等所创，还有人说是唐时许宣平或李道子所创。后经考证，这些说法都经不起推敲。太极拳是在前人不断总结、整理、修改和完善的基础上逐步形成的。而太极拳不同流派之间也或多或少地相互借鉴和影响着，因此，不会有所谓的“祖创”之说。

早期的太极拳被称为“长拳”“棉拳”“十三势”等。直到清朝乾隆年间，山西人王宗岳著成《太极拳论》，才正式确定了太极拳这个名称，进而流传至今。明代，是中国武术极为盛行的一个时期，出现了许多武术家、专著和新拳种。太极拳在古代导引吐纳之术的基础上，汲取了各家拳法之长，又结合了阴阳学和中医经络学理论，因而变得更为完善，功效方面也更为显著。

太极拳的发展与流派

当前世界，太极拳在发展速度及影响范围等方面无疑远远超过了其他武术功法，人们甚至把太极拳誉为“世界第一运动”。由此看来，太极拳不仅在古代人民心中，同样也在现代人民心中拥有很高的地位和知名度。

经过长期的传习，太极拳演变出许多流派。其中较有代表性的为陈式太极拳、杨式太极拳、孙式太极拳、吴式太极拳和武式太极拳。虽然这些流派在拳风和体势方面各有异处，但总的套路和习练宗旨是一样的。

陈式太极拳

陈式太极拳是在明末清初，由著名拳师陈王廷所创。创立之初只编创了5套，后随着世代的传习、演化，又增加了2套。一般称前5套为老架路，后2套为新架路。陈式太极拳的习练原则和练法要求意、气、身三者密切配合，以意念带动气血运行，动腰转脊，节节贯穿，借力制动，舍己从人，听劲懂劲，发劲制敌，刚柔相济，循序渐进。

杨式太极拳

河北永年人杨露禅幼时在一户陈姓人家做雇工，因而接触、学习到了太极拳。当他长大回乡后，依旧坚持天天习练，后来没过几年，竟练到了几乎能打败村子附近所有人的地步。因此，大家都称他为“杨无敌”，把他那神奇的拳法称为“软拳”“化拳”，并四处传扬。后来，杨露禅为了让普通人也能习练太极拳，就对其进行了修改。修改后的杨式太极拳姿势简单，动作舒缓，速度均匀，既适于治疗疾病，又适于强身健体。

孙式太极拳

孙式太极拳是武术百花园中的一朵奇葩，是中国近代著名武术家孙禄堂先生集形意、八卦、太极之大成所创立的优秀拳种之一。孙禄堂先生早年随形意拳大师郭云深学习形意拳，同时又拜八卦掌大师程廷华为师学习八卦掌。后来，机缘巧合去照顾病中的武禹襄传人郝为真，而蒙其传授太极拳法。之后，孙禄堂便将三者合一，自成一家，人称“孙式太极拳”。因内含八卦掌千变万化的特色，故又称“八卦太极拳”。

孙式太极拳第二代掌门人孙剑云全面继承和发扬了其父孙禄堂所创立的孙式太极拳。七十多年来，孙剑云先生一直奔走于长城内外、大江南北，热心推广中华武术和太极拳。孙剑云先生凭着高尚的武德、高超的武艺和健康的体魄，被中国国家体委授予中国武术高段位——八段武师。

吴式太极拳

吴式太极拳，是在杨式太极拳的基础上发展而来的，始于满族人全佑。全佑得到杨露禅、杨班侯父子的真传，后又吸取陈家拳法之精华，进而将两者融合。后又经其子吴鉴泉数十年的研习和拓展，便形成了一套以柔化为主、拳架紧凑、拳法细腻、轻灵圆活的新架，遂以“吴式”命名以区别于其他太极拳法。

1928年，吴鉴泉与杨澄甫两位宗师应邀南下授拳。吴鉴泉南下上海，是将吴式太极拳传播到南方的第一人，也是将吴式太极拳流传到海外的第一人；而全佑的另一个传人王茂斋则在北京教拳，为北方吴式太极拳掌门人。随着吴式太极拳的发展和壮大，形成了南北两大分支，南派以上海为主，北派以北京为主。从此南北呼应，异曲同工，素有“南吴北王”之称誉。

武式太极拳

武式太极拳起源于清朝道光年间，为河北永年人武禹襄所创。武禹襄出生在永年广府望族之家，虽以教书为职业，但酷爱武术，曾同杨式太极拳创始人杨露禅习练洪拳，后拜河南温县陈清萍为师习练陈式新架。后来，武禹襄又得到了王宗岳的《太极拳谱》和一本《太极拳概要图》，回家后就和他的外甥练起来。经过一招一式的功守练习，慢慢达到了

“心随身动”的境界，并取得了神奇的效果。于是，二人在此基础上创立了不同于陈式新架的武式太极拳。

武式太极拳小巧紧凑，形似干枝老梅，在静中暗含开、合、隐、现。开则俱开，合则俱合，把运力的神意收隐于体内；外示安逸，内固精神，开合转换，渐隐渐现。武式太极拳不但拳术本身有十分重要的价值，而且在武术理论上也取得了辉煌的成就，一系列的太极理论著作，比如《太极拳解》《太极拳十三势行功秘解》《身法八要》《太极拳四字秘诀》等都堪称经典，具有很高的学术价值。

总之，太极拳是中华民族的宝贵财富。中华人民共和国成立后，太极拳被列为重点研究和推广项目，国家体委不仅相继推出了杨、陈、孙、吴、武五式太极拳著作，还在各大高等院校相继开设了太极拳的课程。

自1953年以来，历届全国性武术运动会皆设立太极拳项目。另外，太极拳这项运动还得到了有关医疗部门的认可，把它用于临床实践，取得了显著成效。现在，太极拳已经成为中国人民锻炼身体、陶冶情操的运动之一。

太极始祖张三丰

关于张三丰是太极拳始祖的文字记载，最早出现于明末清初黄宗羲《王征南墓志铭》及其子黄百家《内家拳法》。这两本书中的记载应该同出于王征南口述的内家拳源流，因而具有一定的可信度。再加上武当山历来有道士习武的传统，所以张三丰让后代弟子将其传承下来，也是极有可能的事。然而，这样的说法也是很难得到论证的。

另外，张三丰到底是创立了太极拳还是内家拳？内家拳和太极拳又是什么关系呢？从现有史料分析，太极拳和内家拳并不矛盾，极有可能都是张三丰所创。不过，也有可能太极拳曾经是内家拳的一部分，只是后来与之分离，又汲取了其他拳种才逐渐演化成一个独立的拳种。关于太极拳曾经作为内家拳的一部分，其依据主要来源于松溪派内家拳第二十代传人王维慎所著的《松溪派内家拳的本源与发展》，仔细研读并将内家拳和太极拳对照，就会发现二者有很多共同之处，可以说同出一源，具有很近的“血缘”关系。

事实上，张三丰所在的时代距今已经非常久远，根本没有严谨完整的传习资料可供参考。所以，张三丰究竟是太极拳的创始人，还是中兴者，这还有待于进一步研究考证。然而不可否认的是，张三丰曾经扩充丰富了太极拳的内容，传播了太极拳术，对太极拳的发展起了重要作用。

太极拳的功法特点和养生功效

太极拳的功法特点

练拳

动以入门，入门先练拳，练拳式、招式。习练时身体要端正、放松，呼吸要均匀、细长，内心要平静，思想要专注。整套动作要尽量连贯协调，尤其是从一个动作到下一个动作的转接之处。此外，习练养生太极拳还要求动静皆备，拳功并练。因为功属柔而拳属刚，拳属动而功属静，刚柔互济，动静相因，可以充分调动、调节人体的肢体关节和脏腑气血！

练意

有为以始，无为以成，练拳先要练意。形体的正确、动作的舒缓、呼吸的匀畅、身体的松正、气息的运行、劲力的收发，全部是在“意念”的指导下开始并渐入佳境的。功法记于心，心指导“意念”，“意念”带动动作就有了一招一式。所以，拳术、招法是否规范正确，很多时候与“意念”有很大关系。因此，一定要将“练意”的基本功做到位。

放松

放松是练气、练劲、练意的基础，但不是指把身体处于一种完全放松的状态，而是一种“行散而神不散”的境界。养生太极拳采用的是随息放松法，即锻炼强度顺应个人能力的一种功法。而随息放松法利于动作和生理规律的融合。通体松透，身心进入愉悦舒心的状态，气血随之得以顺畅，于是便有气感，进而可以入道，进阶练气，更向上进。

◆呼吸

养生太极拳采用逆腹式的拳势呼吸。这是经过锻炼后养成的符合生理规律和习惯的自然呼吸方式，也是与拳势动作、内气、劲力协调一致的呼吸方式。在用这种呼吸方式习练时，形体动作的开合、虚实、呼出、吸入、内气升降，各循阴阳，相互协调一致，即所谓的阴阳相合。逆腹式呼吸是丹田真气对于招式劲力能发挥效用的必要保证。

◆练气

养生太极练拳、练气和静功练气，动静相皆，得气快，效果显著。功法有聚气养气——练丹田气，意气升降——气通任督，升降开合——行气通经，这是疗疾健身和习练功夫性太极的基础功夫。

● 太极拳的养生功效

◆稳情绪，益睡眠

在练习太极拳时一定要心静，让大脑皮层充分地休息，通过意念和呼吸与动作配合，促进大脑神经细胞的功能完善，增强神经系统的灵敏性，并推动中枢神经系统协调全身内外器官，从而对精神创伤、神经类疾病，如神经衰弱、失眠、高血压等有较好的预防作用。

◆舒筋络，调气血

练习太极拳能预防心脏病，这是因为它的动作舒缓，全身肌肉可以充分地放松，心脏供血充足，还不会加重心脏的负担。而且练太极拳不同于其他运动，它的练习时间不宜太短，就像一般的有氧运动一样，增加氧气的供应，能使气血运行顺畅，也促进了淋巴系统的新陈代谢，增强了人体的抵抗力。所以经常练习太极拳，对心脏病、胃病、便秘等都有很好的作用。

◆防骨松，助平衡

老年人经常会因为身体失去平衡而摔倒，从而导致骨折，这是由于老年人的骨质疏松而致。太极拳运动中的部分动作是专门用来提高平衡能力的。练习时，常常重心交替变换，运行中又有很多搂、转等动作，从而提高了各部位肌肉的耐力；加之练习太极拳时总是一条腿支撑全身的重量，增加了腿部的承受力，骨质的含钙量也自然增加了，骨骼也就变得很坚固了。所以，经常练习太极拳，可以增强骨骼柔韧性，防止骨质疏松。

◆提心肺，促消化

因练太极拳时关节、肌肉、骨骼会互相拉扯、挤压和张合，内脏也因腹式呼吸而自我按摩；而练舌顶上腭时，唇齿轻闭能增加唾液的分泌，从而提高消化功能。又因练太极拳时间较长，这样的有氧运动能增强心肺功能。

◆静心神，除压力

练太极拳时要心静体松，精神集中，加上太极拳本身要求刚柔并重，呼吸调协，各器官的获氧量相对提高，练习后使人感到轻松愉快，压力减小，情绪稳定，这对精神压力沉重的现代人来说无疑是一种很好的减压方式。

◆调阴阳，祛百病

中医认为，人是一个有机的整体，经络贯通全身，连接内外，而“内”为脏腑，“外”为身肢，太极拳独特的习练方式利于疏通经络。

首先，习练太极拳时要求身心放松，这样对“七情六欲”的过度应激就会削弱和转移，从而起到疏通体气，调理经络的作用。

其次，太极拳动作舒缓，要求“身”“形”“意”合一，习练时会温热全身，滋养脏腑，调和阴阳，不仅可以维护身体机能，还可以提高自我修复和抵御病邪的能力。

最后，习练太极拳时四肢的屈伸、腰部的旋转，会对全身300多个穴位产生牵拉和挤压，从而产生按摩的作用，长期习练，不仅有调节心理、改善生理的功能，还可以使人去除杂念，脱离病态。

总之，经过现代科学的研究证实，经常习练太极拳不仅可以治疗和预防各种疾病，还能延年益寿。

习练太极拳的宜忌

宜忌

时间宜忌

（1）每天起床后习练两遍，如果早晨没时间，则睡前习练两遍。

（2）一天之内，应该习练七八遍，至少早、晚各一遍。

（3）平均来说，每天习练时间应达到半小时至两小时。也可只练十分钟，但只要坚持，也会有很好的效果。

场地宜忌

（1）习练地点可以选择在庭院和大厅，以空气流通较好、光线明暗较合适的地方为宜。

（2）如果在某个地方练到一半不练，或中途挪到别的地方练习，不仅打乱了太极拳的连贯性，还无法达到太极拳的功效。

（3）习练太极拳忌风吹雨打和潮湿霉气等，应选择天气好的时间。

准备宜忌

（1）剧烈运动后，心情未平静者不宜习练太极拳。

（2）雷雨天不宜练太极拳，有一定危险性存在。

（3）习练太极拳的服装，首选宽大舒适的中式短装和柔软合脚的运动鞋。

（4）习练时，如果身体出汗，千万不能贪凉脱衣，更不能用凉水洗澡。

（5）太极拳适合于各种人群，但是女性相对男性而言，在生理期或身体状况不好及情绪不稳时，不宜习练太极拳。另外，在运动量的把握上，女性也可适当调整。

（6）酗酒、饱食后均不宜习练太极拳。

（7）年老体弱者及患有不同疾病者，都应根据自身情况调整习练动作、幅度及时间长短。

手型

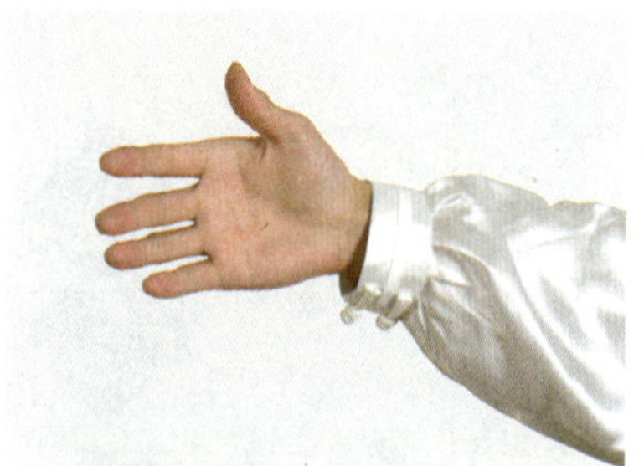

掌 五指微屈分开，掌心微合，虎口成弧形。

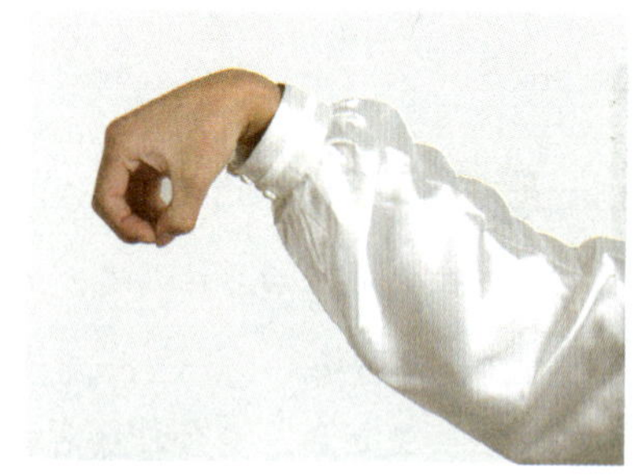

勾 五指第一指节自然捏拢，屈腕。

拳

五指卷屈，自然握拢，拇指压于食指、中指第二指节。大拇指自然松弛，虎口自然圆开，拳心以自然舒适为度。食指领劲，拳形成瓦棱状。

步型

虚步

后腿屈蹲，大腿斜向地面，但高于水平，脚跟与臀部基本垂直，脚尖斜向前方，全脚着地；前腿稍屈，用前脚掌、脚跟或全脚着地都可。左脚在前称为左虚步；右脚在前称为右虚步。

一腿全蹲，膝盖与脚尖略外撇，另一腿自然伸直，平铺接近地面，脚尖内扣，两脚着地。

先坐实一腿，另一腿向前外侧迈出，随着重心前移使全脚踏实，前腿弓，后腿蹬，成侧弓步。

身型

沉肩。练拳的时候，肩关节要松沉灵活，不可耸起，也不可前扣或后张。

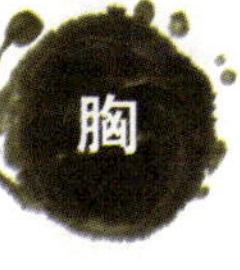

含胸拔背。练拳时胸不可前挺，要内收，松舒自然。拔背是脊椎有放松拔长之意。

臀部要收敛。不可突出或者左右摇摆，小腹舒松，尾闾保持正中。

太极拳对腰部的要求是：松、沉、直。

Chapter 02

分步图解

24式简化太极拳

健身功效

起势动作简单舒缓，具有集中思想、调息松身、活动筋骨、行气活血的效果，同时对失眠和抑郁具有缓解作用。

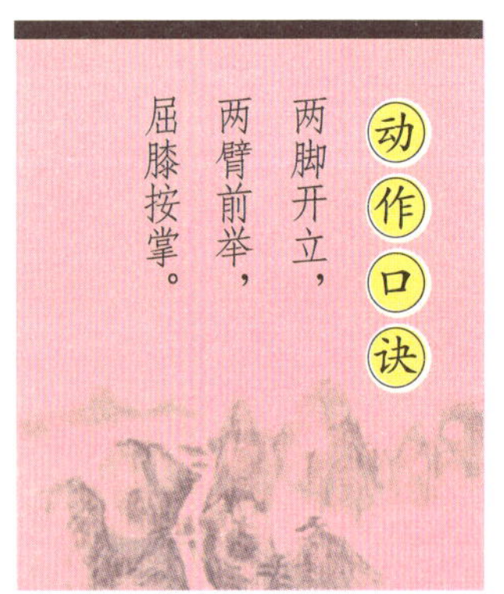

动作口诀

两脚开立，两臂前举，屈膝按掌。

·第一式

起势

1

◆ **步骤一**

身体自然直立，两臂下垂，双脚并拢，下颌略内收，两眼平视前方，精神集中，呼吸匀畅。

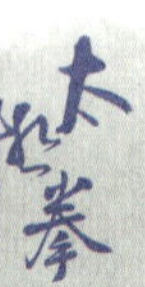

◆步骤二

左脚向左迈出一步，成开立姿势，双脚间距约与肩同宽，脚尖向前。

◆步骤三

双臂慢慢向上抬起，约与肩同高，掌心向下。

◆步骤四

两腿微屈，慢慢下蹲，两掌随之轻轻下按，落于腹前，两肘与两膝相对。

动作要领

“静”即思想高度集中，不能存有杂念。

“松”即身体放松自然，呼吸自然通畅。

“轻”即太极拳的动作、身法、步法介于有力无力之间，忌用爆发力或蛮力，当然也不能太松懈。

·第二式

左右野马分鬃

健身功效

通过双臂的屈伸、起落，起到扩胸舒腰的效果，且利于改善呼吸系统功能、增强腰部肌力。长期习练，对支气管炎、肺气肿、哮喘、心肌梗塞和腰肌劳损等症，具有较好的防治作用。

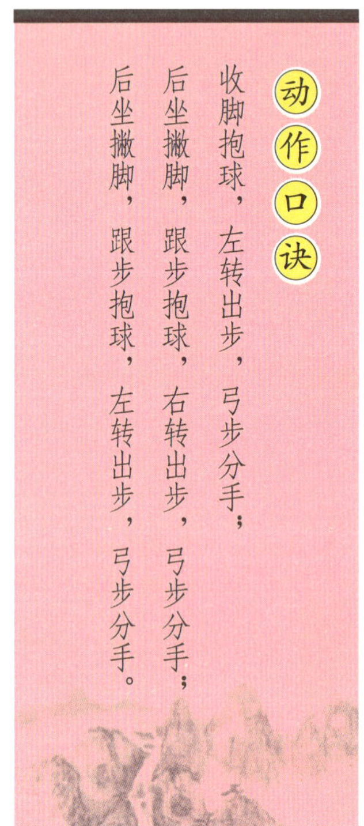

动作口诀

收脚抱球，左转出步，弓步分手；

后坐撇脚，跟步抱球，右转出步，弓步分手；

后坐撇脚，跟步抱球，左转出步，弓步分手。

1

◆ 步骤一

上体微向右转，身体重心移至右腿；同时，右臂收在胸前平屈，掌心向下，左手经体前向右下画弧放在右手下，掌心向上，两手掌心相对成抱球状；左脚随收到右脚内侧，脚尖点地；目视右手。

2

◆ 步骤二

上体微微向左转，左脚随之向左前方迈出，右脚跟后蹬，右腿自然伸直，成左弓步；上体继续向左转，左右手随转体慢慢分别向左上、右下分开，左手高与眼平，肘微屈，右手落在右胯旁，肘也微屈，右手掌心向下，指尖向前；眼看左手。

◆**步骤三**

上体慢慢后坐，身体重心移至右腿；左脚尖翘起，向外撇50°左右，随后上体微向左转；眼看左手。

◆**步骤四**

左脚慢慢着地，踏实，上体继续左转，重心再移回左腿；同时，左手翻转向下，左臂收在胸前平屈，右手向左上画弧至左手下，两手相对成抱球状；右脚随即收到左脚内侧，脚尖点地；眼看左手。

Attention

* 注：左手上起、右手回收的动作应与身体重心的移动协调一致。

◆**步骤五**

接着，上体右转，右脚向右前方迈出一步，左腿伸直，蹬地，成右弓步；同时，身体继续向右转，左右手分别向左下方、右上方分开，右手约与眼部同高，掌心斜向上，右肘微屈，左手则落于左胯旁，肘也微屈，掌心向下，指尖向前；目视右手。

◆**步骤六**

上体慢慢后坐，身体重心移至左腿；右腿上前一步，右脚尖翘起，向外撇50°左右，随后上体微向右转；眼看右手。

◆ **步骤七**

右脚慢慢着地，踏实，同时上体继续右转，重心再移回右腿；右手翻转向下，右臂收于胸前，呈屈平状，左手向右上画弧至右手下方；左脚随即收到右脚内侧，脚尖点地；目视右手。

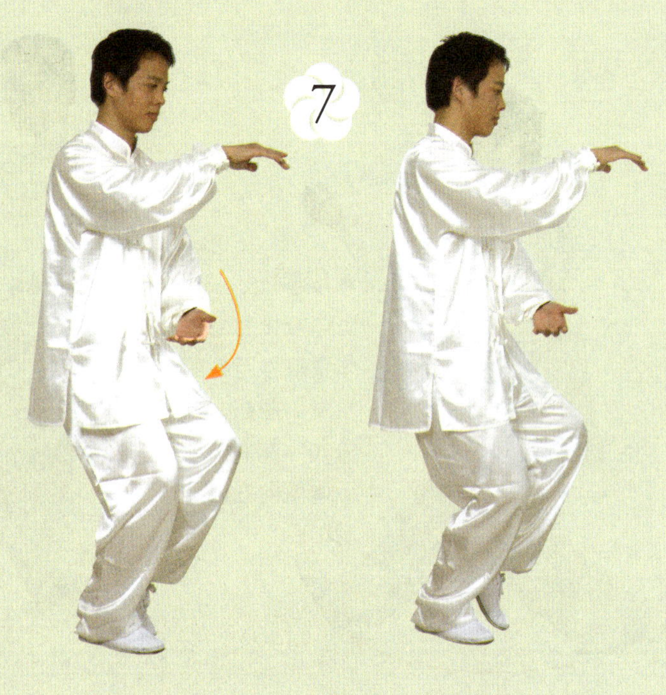

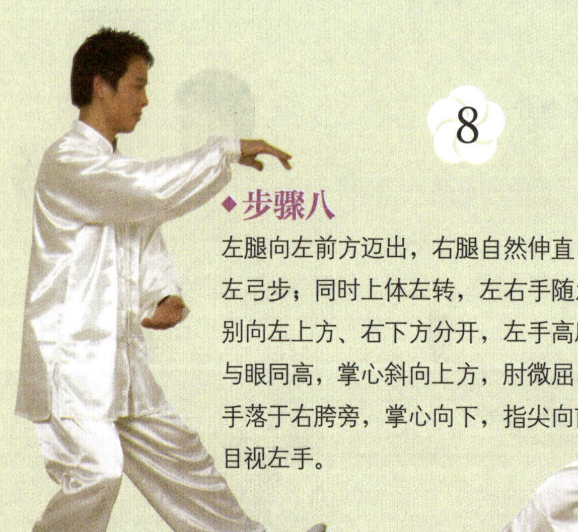

◆ **步骤八**

左腿向左前方迈出，右腿自然伸直，成左弓步；同时上体左转，左右手随之分别向左上方、右下方分开，左手高度约与眼同高，掌心斜向上方，肘微屈，右手落于右胯旁，掌心向下，指尖向前；目视左手。

动作要领

做弓步时，先脚跟着地，再脚掌慢慢踏实，脚尖向前，膝盖不超过脚尖。

两臂分开时不能随意挥动，要保持弧形。

全套动作连绵不断，贯穿始终，不能断断续续。

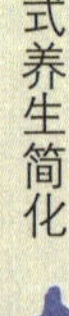

·第三式

白鹤亮翅

健身功效

通过身体及四肢的转动、起落，具有舒筋活血、降阴升阳、养精宁神的效果。另外，对身心紧张、压力过重、不适痛症等也有较好功效。

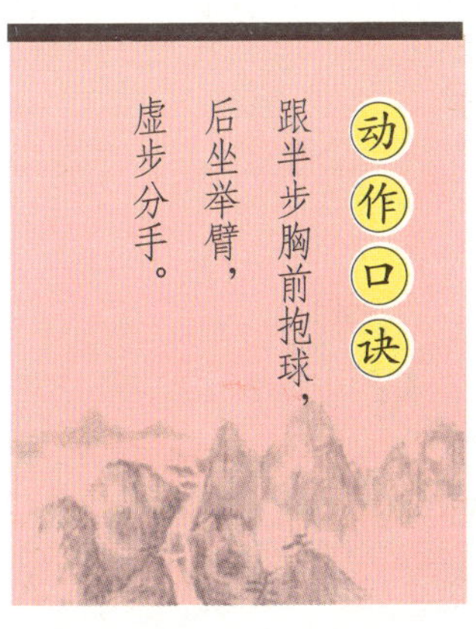

动作口诀

跟半步胸前抱球，后坐举臂，虚步分手。

◆**步骤一**

右脚跟进半步，身体微向左转，左手翻掌向下，左臂平屈于胸前，右手向左上方画弧至左手下，两手掌成抱球状；眼看左手。

◆**步骤二**

上体向后坐，重心移至右腿，上体再向右转，面向右前方，目视右手；同时，左脚稍向左前方移动，脚尖点地，成左虚步。

◆**步骤三**

上体微微左转，目视前方，双手随着身体的转动慢慢向右上、左下方分开，右手紧接着上抬，停于右额头的前方，掌心朝向左后方，左手则落于左胯前，掌心向下，指尖向前；目平视。

动作要领

此动作中的两臂要时刻保持半圆形的状态。

两脚相跟时，距离约为自己的一脚长，不可过近也不可过远。

身体屈、移、提、按的动作要协调一致。

逢开必合，逢合必开。

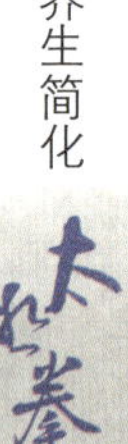

·第四式

左右搂膝拗步

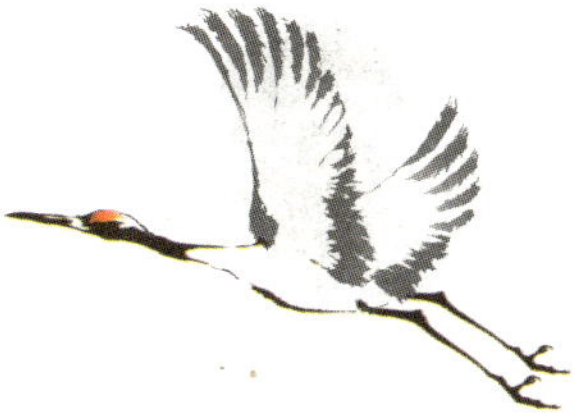

健身功效

通过身体及四肢的旋转、画弧，具有为脏腑器官“按摩”的作用，长期习练，可调理经络，益肺平喘，且对肩、肘、膝和腰、肾等病有一定防治作用。

动作分解

动作口诀

左转落手，右转收脚举臂，
出步屈肘，弓步搂推；
后坐撇脚，跟步举臂，
出步屈肘，弓步搂推。

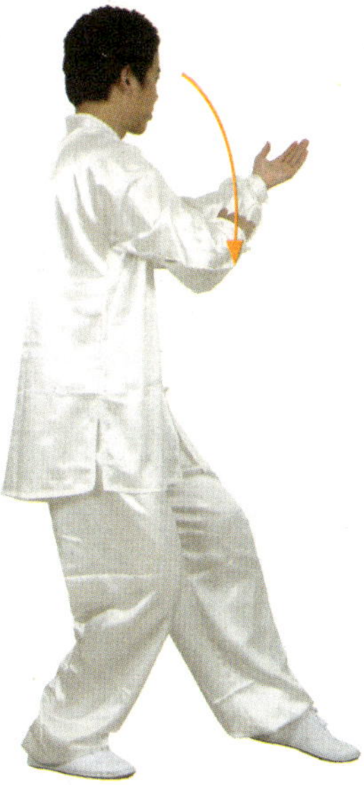

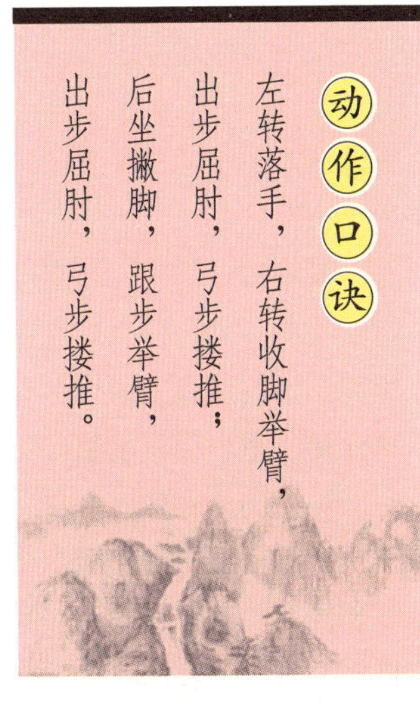

1

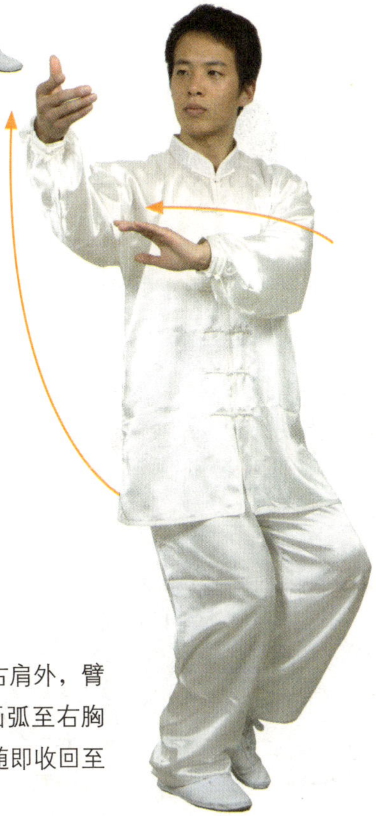

◆步骤一

身体向左转，右手从体前下落，由下向前上方画弧至右肩外，臂微屈，与耳同高，掌心向上；左手由左下向右上方画弧至右胸前，掌心斜向下方。上体先微向左再微向右转，左脚随即收回至右脚内侧，脚尖点地；眼看右手。

2

◆步骤二

上体左转，左脚向前迈出成左弓步；同时右手屈回，由耳侧向前推出，高度约与鼻尖相平，左手向下，由左膝前搂过落于左胯旁；眼看右手，目光沿指尖方向延伸向前。

3

◆步骤三

右腿缓慢屈膝，上体向后坐，重心移至右腿，左脚尖翘起微向外撇。随后脚掌慢慢踏实，左腿随即前弓，身体左转，重心移至左腿；同时，左手向外翻掌，由左后方向上画弧至左肩外侧，与耳部同高，掌心斜向上，肘微屈；右手随转体向上、向左下画弧，最后落于左胸前，掌心斜向下方。

◆步骤四

上体右转，右脚向前迈出成弓步状，左手屈回，由耳侧向前推出，高度约与鼻尖相平，右手向下，由右膝前搂过落于右胯旁，指尖向前；目视左手，目光沿指尖方向延伸向前。

◆步骤五

左腿慢慢屈膝，上体向后坐，重心移至左腿，右脚尖翘起微向外撇，随后脚掌慢慢踏实，右腿向前弓，身体向右转，重心移到右腿，左脚随即收到右脚内侧，脚尖点地。右手向外翻掌，由右后方向上画弧至右肩外侧，肘微屈，约与耳部同高，掌心斜向上方；左手随身体转动向上、向右下画弧，落于右胸前，掌心斜向下方；目视右手。

◆步骤六

上体向左转，左脚向前迈出成左弓步；同时右手屈回，由耳侧向前推出，高度约与鼻尖相平；左手向下，由左膝前搂过，落于左胯旁，指尖向前；目视右手，目光沿指尖方向延伸向前。

·第五式

手挥琵琶

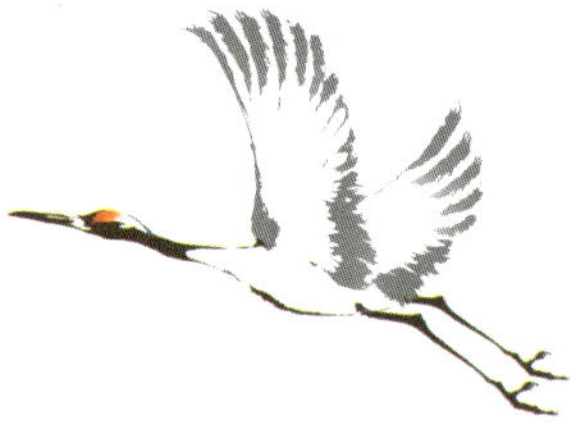

健身功效

通过双手的起落、合分，可刺激和调理手太阴肺经，并牵拉人体督脉，对于体虚引发的感冒、气管炎及受寒引发的哮喘均有较好的防治作用。

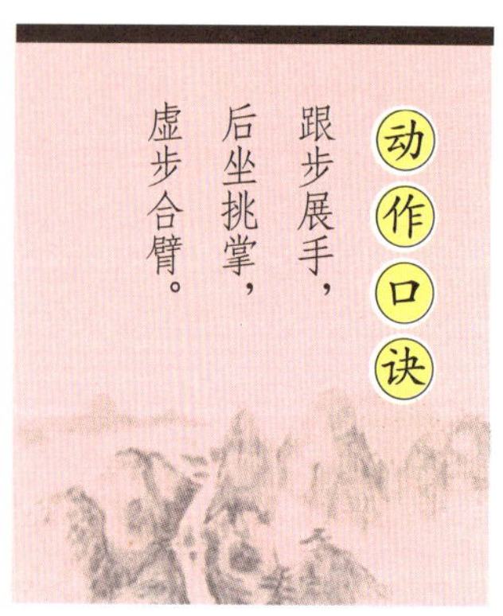

动作分解

动作口诀

跟步展手，
后坐挑掌，
虚步合臂。

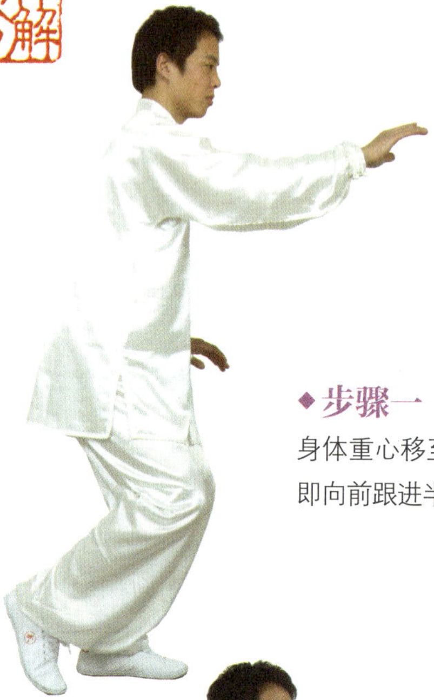

1

◆步骤一

身体重心移至左腿，右脚随即向前跟进半步。

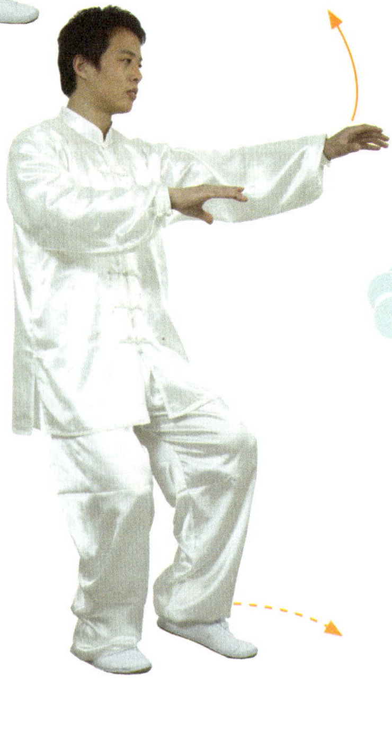

2

◆步骤二

上体后坐，重心重新移至右腿，上体向右转，左脚略提起，稍前移，成左虚步，左膝部微屈；同时，左手由左下方向上抬起，高度约与鼻尖相平，掌心向右，臂微屈。

◆ **步骤三**

右手内收放于左肘里侧，掌心向左，目视左手。

常见习练误区

误区一 身体板直，肩膀耸起。

正确练法：身体要平稳放松，双肩下沉，且肘部有下坠感。

误区二 定势动作为左虚步时，脚尖着地。

正确练法：脚跟着地。

错误：

·第六式

倒卷肱

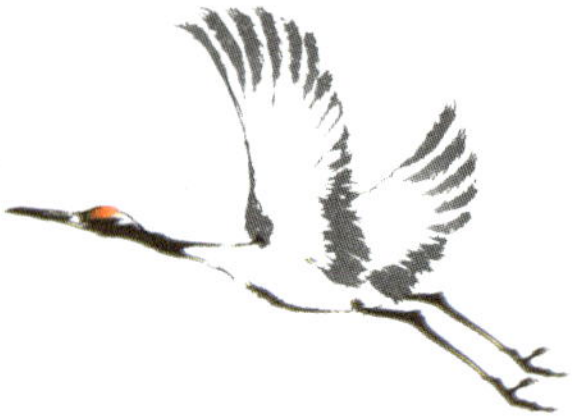

健身功效

本式功效与第五式相似。主要通过双臂及上体的弧运和转动，按摩脏腑器官，调理手太阴肺经，从而有效防治肺部疾病。

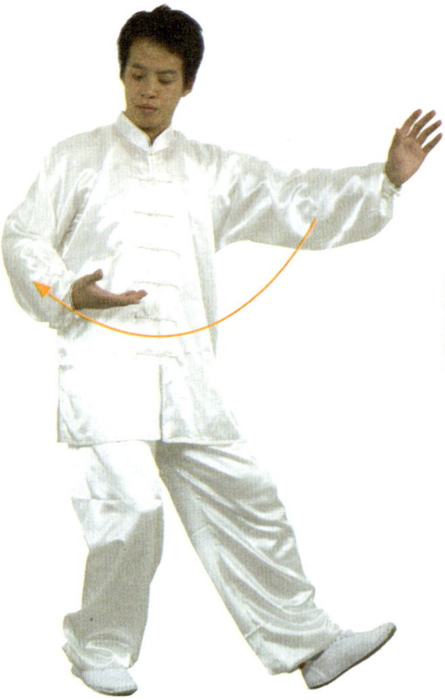

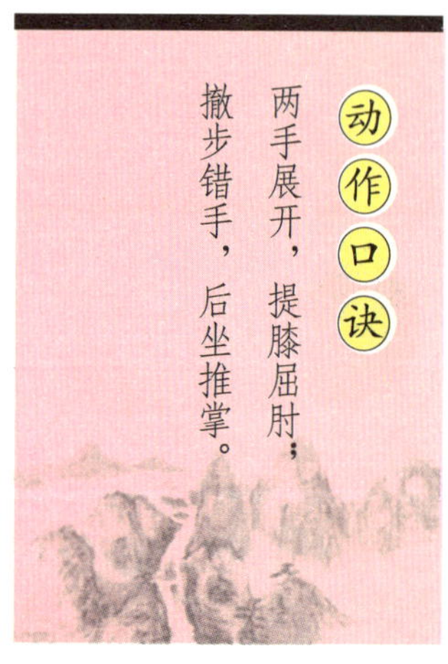

动作分解

1

动作口诀

两手展开，提膝屈肘；

撤步错手，后坐推掌。

Attention

*注：双膝微微弯曲，脚跟着地。

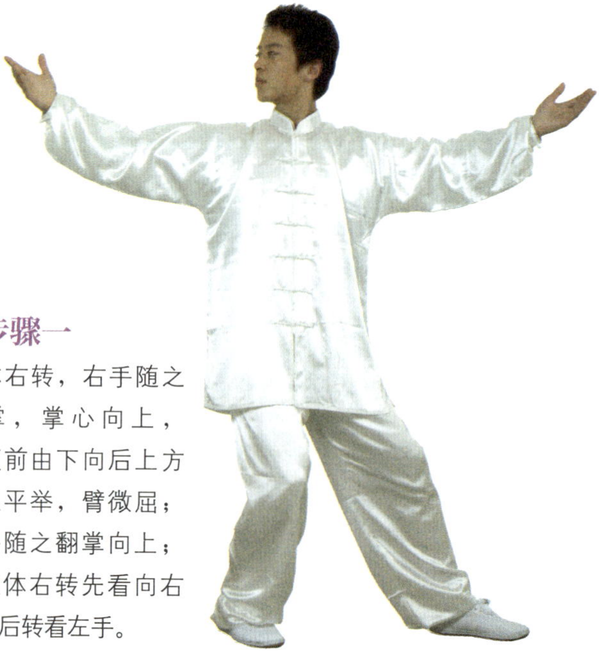

◆步骤一

上体右转，右手随之翻掌，掌心向上，经腹前由下向后上方画弧平举，臂微屈；左手随之翻掌向上；眼随体右转先看向右手，后转看左手。

2

◆ **步骤二**

右臂屈肘回收，右手由耳侧向前推出，掌心向前；左臂回收经左肋外侧向后上画弧平举，掌心向上；同时左腿提起，后退一步，脚掌先着地，再全脚踏实，然后，身体重心移至左腿，成右虚步，右脚随转体以脚掌为轴扭正；眼随转体左看，再转看右手。

3

◆ **步骤三**

上体微向左转，同时左手向后上方画弧，掌心向上；右手随即翻掌，掌心向上；眼先向左看，再转看右手。

◆**步骤四**

左臂屈肘折向前方，左手由耳侧向前推出，掌心向前；右臂随之屈肘向后撤，掌心向上，至右肋外侧；同时，右腿轻提，后撤一步，脚掌先着地，再全脚踏实，身体重心移至右腿，成左虚步；左脚随转体以脚掌为轴扭正；目视左手。

◆**步骤五**

上体微向右转，右手随之向后上方画弧，平举，掌心向上，同时左手翻掌，掌心向上；眼随转体先向右看，再转看左手。

◆**步骤六**

右臂屈肘由耳侧向前推出，掌心向前，左臂屈肘，后撤，至左肋外侧，掌心向上；同时，左腿轻提，后退一步，脚掌先着地，后全脚踏实，身体重心移至左腿，成右虚步，右脚随转体以脚掌为轴转正；目视右手。

◆步骤七

上体微向左转，左手随之向后上方画弧，平举，掌心向上；同时右手翻掌，掌心向上；眼随转体先向左看，再转看右手。

◆步骤八

左臂屈肘折向前方，左手由耳侧向前推出，掌心向前；右臂随之屈肘向后撤，掌心向上，至右肋外侧；同时，右腿轻提，后撤一步，脚掌先着地，再全脚踏实，身体重心移至右腿，成左虚步；左脚随转体以脚掌为轴扭正；目视左手。

动作要领

重心平稳，动作轻灵。

退步时，前脚在转体的引导下，以脚掌为轴扭正，且眼随转体先向左或右看，再转看身体前面的手。

退左脚时，左脚要微向左后斜；退右脚时，右脚要微向右后斜，忌两脚落于同一条直线上。

向前迈步时，支撑腿要下沉坐稳，运动腿脚后跟先着地，接着脚掌、脚趾，再全脚掌着地，后退则完全相反。

手在前推或后撤时，不可笔直、僵硬，要随身体转动走弧线。

·第七式

左揽雀尾

健身功效

通过双手的画弧、抱球，导引人体元气的运行，使其上达头部，下达四肢，因而具有调理气血、养心益肺的功效。另外，此式可刺激手三阴三阳经脉，对关节疼痛有较好的防治作用。

动作口诀

右转收脚抱球，左转出步，弓步棚臂，左转随臂展掌，后坐右转下捋，左转出步搭腕，弓步前挤，后坐分手，屈肘收掌，弓步按掌。

动作分解

1

◆步骤一

上体微向右转，右手随之向后上方画弧、平举，掌心向上；左手放松，掌心向下。上体继续右转，左手慢慢下落、翻掌，经腹前向右下画弧，掌心向上；右臂微屈，右手翻掌向下，收于右胸前，两手掌相对成抱球状；同时，身体重心落于右腿，左腿收于右脚内侧，脚尖点地；目视右手。

2

◆步骤二

上体微向左转，左脚向左前方迈出，右腿自然蹬直，左腿屈膝，成左弓步；左手同时向左前方伸出，约与肩等高，掌心向后，右手下落于右胯旁边，掌心向下，指尖向前；目视左前臂。

Attention

*注：左右手分别向上、向下画弧时，须与松腰、弓腿动作协调一致。

◆步骤三

身体微向左转，左手随之前伸，翻掌向下，右手翻掌向上，经腹前向左上前伸至左前臂下，然后两手下捋，身体以腰为轴微向右转，重心移至右腿，两手经腹前向右后方画弧，直至右手掌心斜向上，高度约与肩平，左臂平屈于胸前，左掌心向后；目视右手。

3

◆步骤四

上体微向左转，右臂屈肘折回，右手附于左手腕里侧（相距约5厘米）。

4

◆ **步骤五**

上体微向左转，左手翻掌向下，右手过左手腕上方向前方伸出，高度约与左手相齐，掌心向下，然后两手左右分开，距离约与肩宽，后腿屈膝，上体慢慢后坐，重心移至右腿，左脚随之翘起，双手紧接着收回，做向右前伸与左手平，掌心向下，两手向左右分开与肩同宽。

◆ **步骤六**

身体后坐，重心移至右腿，左脚尖翘起，两臂屈肘回收至腹前，两手掌心向下；目平视前方。

◆ **步骤七**

身体重心慢慢前移，然后两手向前上方按出，掌心向前，手腕约与肩平；同时左腿弓成左弓步；目平视前方。

·第八式

右揽雀尾

健身功效

本式主要通过双臂的画弧和抱球，导引元气运行，从而增强脏腑功能、促进气血循环。同时还可防治心脏病、肠胃病、腰痛及关节痛等。

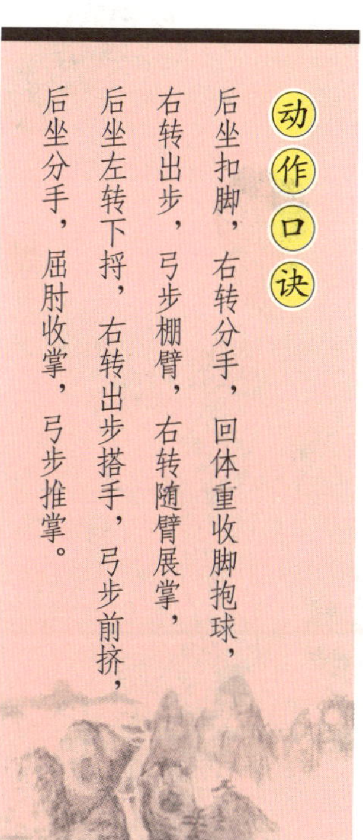

动作口诀

后坐扣脚，右转分手，回体重收脚抱球，右转出步，弓步棚臂，右转随臂展掌，后坐左转下捋，右转出步搭手，弓步前挤，后坐分手，屈肘收掌，弓步推掌。

动作分解

1

◆步骤一

上体后坐并向右转，重心移至右腿，左脚尖内扣。右手先向右平行画弧至右侧。

2

◆步骤二

右手经腹前至左腹前，掌心向上；同时，左臂平屈于胸前，掌心向下，两手相对成抱球状。身体重心再移至左腿，右脚收至左脚内侧，脚尖点地；目视左手。

Attention

＊注：右腿的迈出屈膝、左腿的蹬直和左右手的下落抬起应该协调一致。

3

◆ **步骤三**

上体微向右转，右脚向右前方迈出，上体继续右转，左腿自然蹬直，右腿屈膝成右弓步；同时，右臂向右前方推出，高度约与肩平，掌心向后；左手向下，落于左胯旁，掌心向下，指尖向前；目视右前臂。

◆ **步骤四**

身体微微右转，右手随之前伸，翻掌向下；同时左手翻掌向上，并经腹前伸至右前臂下方。然后两手下捋，上体向左转，两手经腹前向左后上方画弧，左手虎口向上，约与肩平，右臂平屈于胸前，掌心向后，身体重心移至左腿；目视左手。

4

Attention

＊注：双掌收于胸前时，掌指自然分开，不能并拢。

◆**步骤五**

上体微向右转，左臂屈肘折回，左手附在右手腕里侧。

◆**步骤六**

上体继续右转，双手同时慢慢向前推出，右手掌心向后，左手掌心向前，右前臂保持半圆形；同时，身体重心逐渐前移，变成右弓步；目视右手腕部。

◆**步骤七**

右手翻掌，掌心向下，左手经右手腕上方向左前方伸出，高度约与右手相齐，掌心向下，然后两手左右分开，距离约等于肩宽。左腿屈膝，上体慢慢后坐，重心移至左腿，右脚尖翘起；同时双手屈肘收于腹前，掌心向下；目平视前方。

Attention

*注：双手向前按出时，应为曲线缓慢按出，且双肘微屈，腕部约与肩平。

8

◆ 步骤八

双臂屈肘，收于腹前，身体重心慢慢前移，两手随之向前上方按出，掌心向前，右腿前弓成右弓步；目平视前方。

动作要领

用意念来协调全身，引导全身进入静、松、整的完整境界，忌蛮力。下按时，身体后坐，整体下沉。

常见习练误区

误区 双手经腹前画弧时，偏高、偏低或离身体太远。

正确练法：双手经腹前画弧时，与身体保持一拳的距离为宜。

·第九式

单鞭

健身功效

通过四肢的协调运动，扩展胸肌，从而使手三阳与足三阳贯通。长期习练，可增加肺活量，对心肺、腰肾、关节等病症具有较好的防治作用。

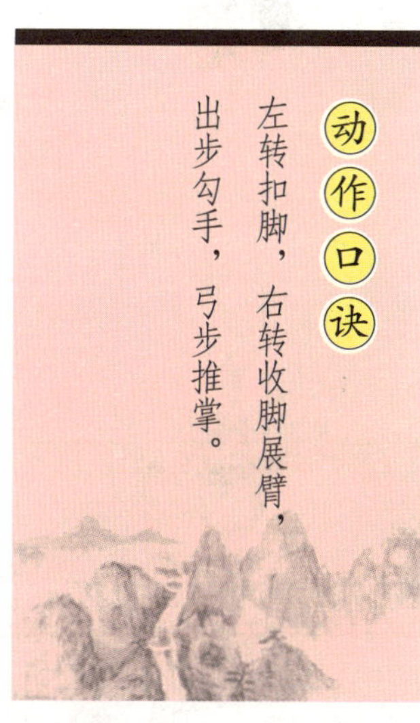

1

◆步骤一

上体后坐，重心移至左腿；右脚尖内扣，同时身体左转，两手在体前向左画弧，左臂平举至左前方，掌心向左，右手经腹前运至左边的肋骨前，掌心向后；目视左手。

◆**步骤二**

身体重心移至右腿，上体右转，左脚向右脚靠拢，脚尖点地；右手随转体向右上方画弧，掌心由里转向外，至右侧时变勾手，臂约与肩平；左手从腹前向右上画弧停于右肩前方，掌心向里。

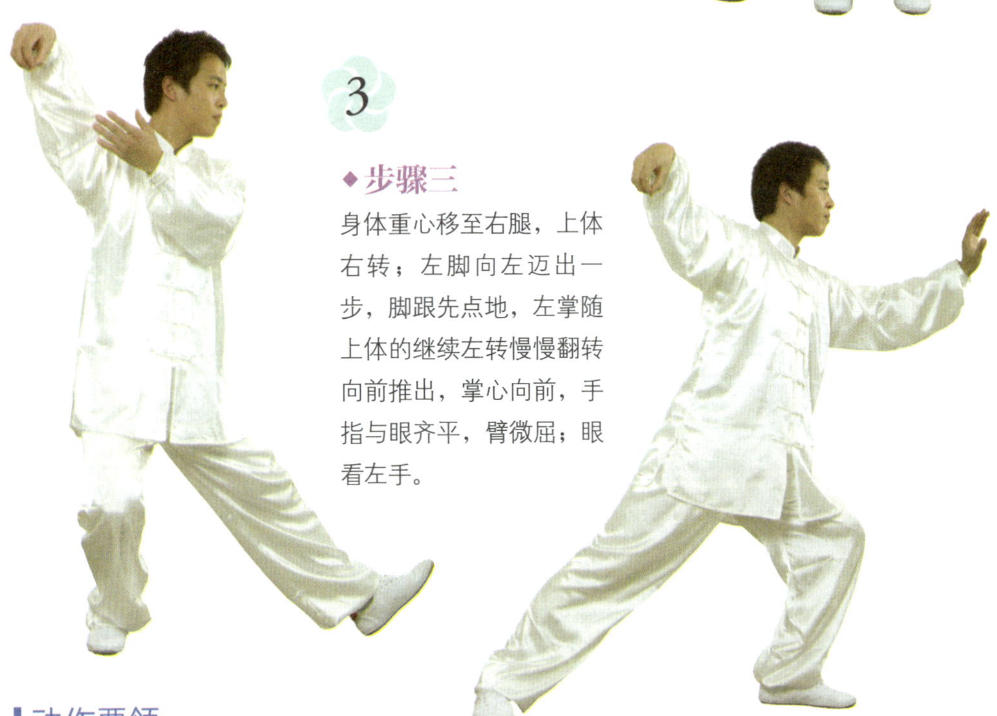

◆**步骤三**

身体重心移至右腿，上体右转；左脚向左迈出一步，脚跟先点地，左掌随上体的继续左转慢慢翻转向前推出，掌心向前，手指与眼齐平，臂微屈；眼看左手。

动作要领

两手向左呈弧形运动时，应该是左手高，右手低。

左手外向翻掌推出时，切记翻掌不能太快或是最后才翻掌，应该与转体同步。

定势时，右肘稍下垂，左肘与左膝上下相对，两肩下沉。

·第十式

云手

健身功效

通过双臂的起落、画弧，可改善脏腑的气血运行，增强内脏功能。长期习练，对高血压、心脏病、肠胃疾病及关节炎等具有较好疗效。

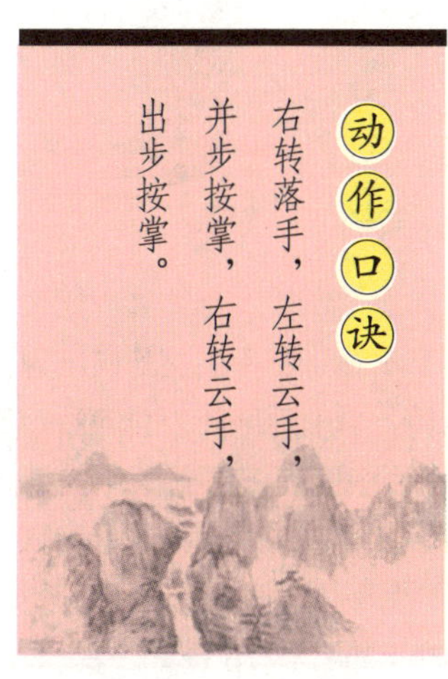

动作口诀

右转落手，左转云手，
并步按掌，右转云手，
出步按掌。

1

◆步骤一

身体重心移至右腿，身体渐向右转，左脚尖内扣；左手经腹前向右上画弧至右肩前，掌心斜向里，同时右手变掌，掌心向右前；目视右手。

◆步骤二

上体慢慢左转，身体重心随之左移；左手由脸前向左侧运转，掌心渐渐转向左方并向外翻转；右手由右下经腹前向左下画弧至左肋前，掌心斜向后方；同时，右脚靠近左脚，成小开立步（两脚距离约10～20厘米）；目视左手。

◆步骤三

上体再向右转，同时左手经腹前向右下画弧至右肋前，掌心斜向后方；右手向右侧运转，掌心翻转向右，左腿随之向左横跨一步；目视右手。

◆步骤四

上体慢慢左转，身体重心随之逐渐左移；左手由脸前向左侧运转，掌心渐渐转为斜向后；右手经腹前向左下画弧至左肋前，掌心斜向后；同时右脚靠近左脚，成小开立步（两脚距离10～20厘米）；眼看左手。

Attention

＊注：双脚先脚掌着地，再踏实；视线随着左右手而移动。

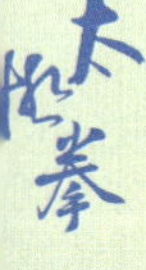

◆步骤五

上体再向右转，左手随之经腹前向右下方画弧，停于右肋前，掌心斜向下；右手向右侧运转，掌心翻转向左，左腿随之向左横跨一步；目视右手。

◆步骤六

上体慢慢左转，身体重心随之左移；左手由脸前向左侧运转，掌心渐渐转向左方并向外翻转；右手经腹前向左下方画弧，停于左肋前，掌心斜向后方；同时，右脚向左脚靠拢，成小开立步；目视左手。

动作要领

肢体移动时，身体要自然放松，重心要稳定。

视线要随着左右手而移动。

身体转动时，要以腰为轴，切记松腰松胯。

双臂随腰运转时，动作要自然圆活，速度要缓慢均匀。

常见习练误区

误区 做云手动作，上手时掌心向上，下手时掌心向前或向下。

正确练法： 上手时，掌心斜向后方；下手时，掌心翻转且应朝向所在手臂的肩膀处。

错误：

·第十一式

单鞭

健身功效

本式功效同第九式。具有贯通手阳明与足阳明经脉的作用，从而具有益心养肺的功效。

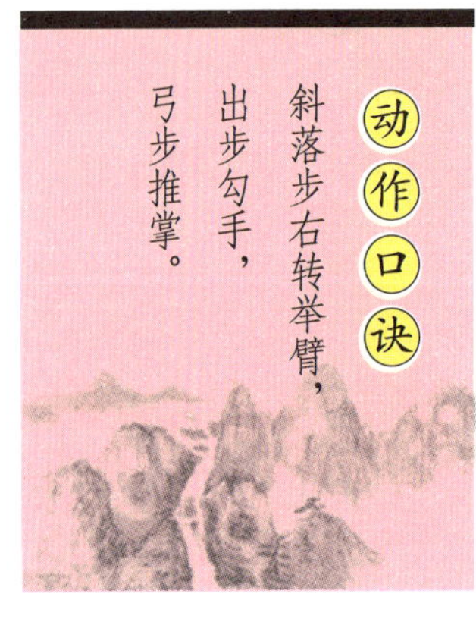

动作口诀

斜落步右转举臂，
出步勾手，
弓步推掌。

图解动作

1

◆步骤一

上体右转，右手随之由面部前方向右画弧，至身体右侧时翻掌变勾，左手经腹前向右上画弧至右肩前，掌心向内，重心移至右腿，左脚尖点地；目视左手。

Attention

*注：成左弓步时，左脚迈出，右腿随之蹬直，左腿“被逼”屈膝成弓步。

◆步骤二

体微左转，左脚向左前方迈出，右脚跟后蹬，成左弓步，身体重心移向左腿，上体随之左转，左手慢慢翻转，向前推出，即为“单鞭”势。

动作要领

两腿不管是前后还是左右分开，都要保持一虚一实，上体端正。

左臂推出时，不能伸得太直，要有弹力，柔中带刚。

常见习练误区

误区 左掌随身体左转而翻转向前推出时，提前完成或后完成。

正确练法：左掌的翻转、推出，是与身体的左转同时进行的。

·第十二式

高探马

健身功效

人体五官位于身体之巅，其经络运行主要受少阳脉的影响。通过本式，尤其是双掌的推出，可促进少阳脉经气自右耳上行，并带动五官经气的运行，利于防治五官疾病。

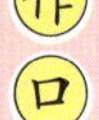

动作口诀

跟步后坐展手，
虚步推掌。

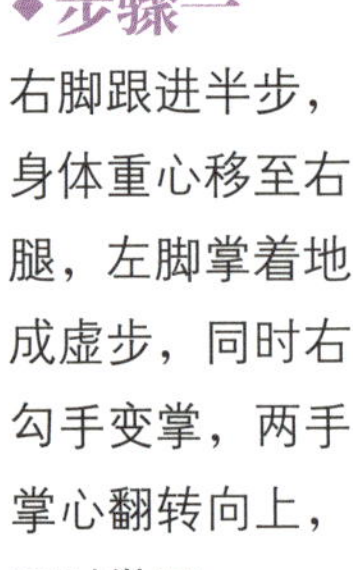

◆步骤一

右脚跟进半步，身体重心移至右腿，左脚掌着地成虚步，同时右勾手变掌，两手掌心翻转向上，两肘微屈。

2

◆步骤二

身体微向左转，面向前方，右手经右耳侧向前推出，掌心向前，约与眼同高；同时左手收至左侧腰前，掌心向上，左臂微屈，左脚随即微向前移，脚尖点地，成左虚步；目视右手。

动作要领

换步移动重心时，身体不要有起伏。

Attention

＊注：跟步转换重心时，身体不要前俯后仰。

常见习练误区

误区一 左腿撑地、右腿跟进时，双膝太过弯曲，且臀部翘起。

正确练法：脊背、臀部基本在一条直线上，双膝微微弯曲。

误区二 双手做屈伸运动时，身体容易倾斜，双肩耸起。

正确练法：上体保持自然直立，双肩下沉，右肘微屈。

·第十三式

右蹬脚

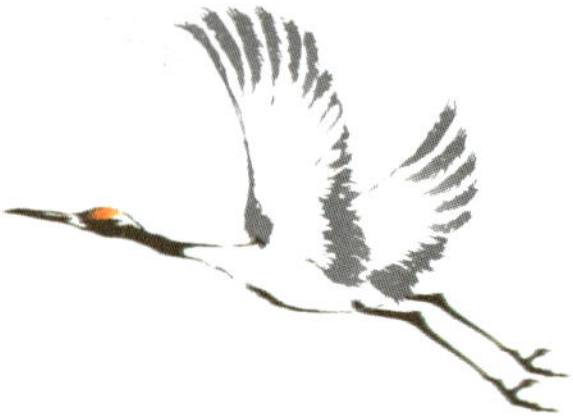

健身功效

重点通过腿部的运动，调整中枢神经平衡功能，增强腿部肌肉力量。长期习练，对腰、腿、膝、足及神经衰弱等症具有较好的防治作用。

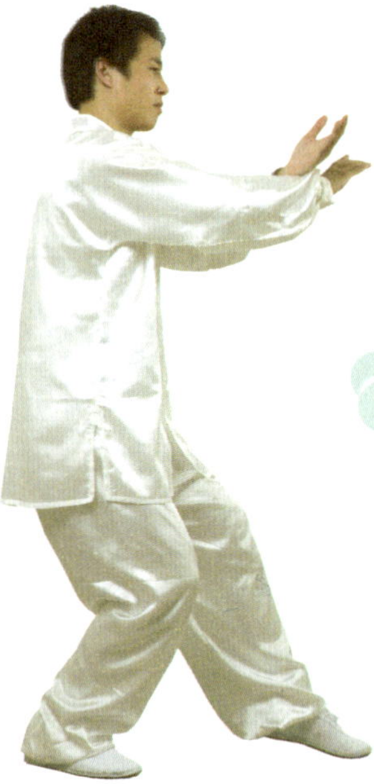

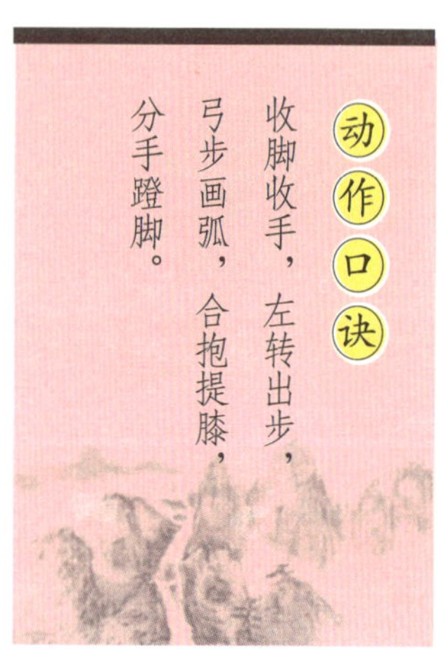

1

动作分解

动作口诀

收脚收手，左转出步，
弓步画弧，合抱提膝，
分手蹬脚。

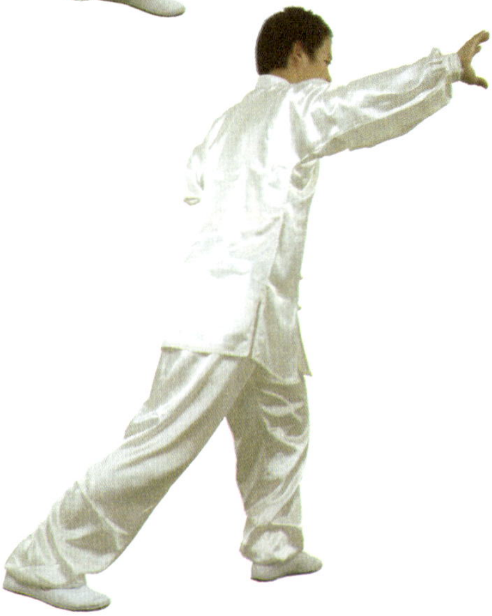

◆步骤一

左手掌心向上，前伸至右手腕之上，两手手背相对、交叉，随即向两侧分开，向下画弧，掌心斜向下方；同时左脚向左前方迈出一步，身体重心前移，右腿自然蹬直，成左弓步；目视前方。

◆ 步骤二

两手由外圈向里圈画弧，右手在外，左手在内，交叉合抱在胸前，掌心均朝向后方；同时，右脚向左脚靠拢，脚尖点地；接着，双臂左右画弧，分开平举，双手肘部均微屈，掌心都向外；同时右腿屈膝、提起，右脚随之向右前方慢慢蹬出；目视右手。

动作要领

做蹬脚动作时，初练者不要苛求蹬脚的高度，而是要保持从头到脚成一条直线。

起势时，如果面向的是南方，那么蹬脚的方向应该在正西偏南，即30°左右。

常见习练误区

误区 左脚向左前方进步时，脚尖常常会外撇。

正确练法：脚尖不要外撇，脚尖与膝尖保持在一个方向上。

错误：

·第十四式

双峰贯耳

动作分解

健身功效

通过四肢导引浊气下行。长期习练，可醒脑提神、防治五官疾病。

动作口诀

收脚落手，
出步收手，
弓步贯拳。

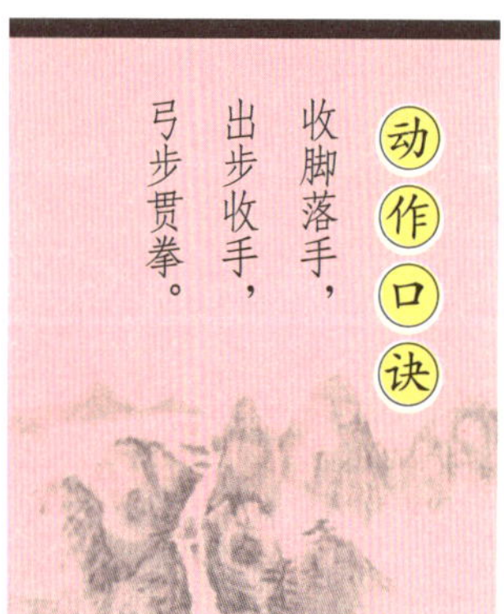

1

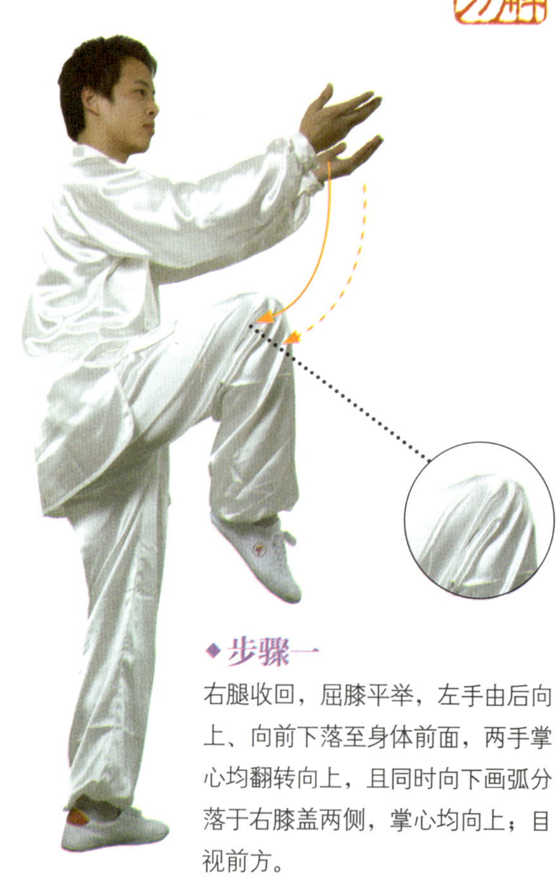

◆步骤一

右腿收回，屈膝平举，左手由后向上、向前下落至身体前面，两手掌心均翻转向上，且同时向下画弧分落于右膝盖两侧，掌心均向上；目视前方。

◆ **步骤二**

右脚向右前方落下，重心前移，成右弓步，面向右前方；两手随即下垂，慢慢变拳，分别从两侧向上、向前画弧至脸前成钳形，两拳相对，距离约为10～20厘米，高度约与耳部齐平，拳眼都斜向内下方；目视右拳。

2

动作要领

定势时，要头正颈直，松腰松胯，两拳相握，沉肩坠肘。

常见习练误区

误区一 右脚下落时，速度太快。

正确练法：应缓慢、匀速地放下，且与双臂动作协调一致。

误区二 两拳相对时，拳眼向下。

正确练法：拳眼应该斜向内下方。

错误：

·第十五式

转身左蹬脚

健身功效

本式功效同十三式。主要通过腿部的运动，增强腿部力量，改善中枢神经的平衡功能，同时可防治腰痛、背痛、髋痛、关节痛及神经衰弱等症。

动作口诀

后坐扣脚，左转展手，合抱提膝，分手蹬脚。

动作分解

1

◆步骤一

左腿屈膝后坐，身体重心移至左腿，上体左转，右脚尖内扣；同时两拳变掌，由上向左、右画弧，分开平举，掌心向前。

●正面

◆ **步骤二**

身体重心再移至右腿，左脚收到右脚内侧，脚尖点地；同时两手由外圈向里圈画弧并合抱于胸前，左手在外，右手在内，掌心均向后；目平视左前方。

◆ **步骤三**

两臂左右画弧，分开平举，肘部微屈，掌心均向外；同时左腿屈膝提起，左脚随即向左前方慢慢蹬出；目视左手。

动作要领

蹬脚时，右脚微微屈回，左脚尖向内轻勾，且力道在脚跟。向两侧画弧分手时，动作要与蹬脚的动作一致。

常见习练误区

误区 做定势中的蹬脚动作时，左臂偏向外或偏向内。

正确练法：左臂与左脚要上下相对，即平行状态。

·第十六式

左下势独立

健身功效

通过四肢的伸展运动，可促进血液回流，增强身体平衡性，锻炼腿部及腹部力量。长期习练，对关节炎、胃下垂、便秘、神经衰弱等有较好的防治作用。

动作口诀

收脚勾手，蹲身仆步，
穿掌下势，撇脚弓腿，
扣脚转身，提膝挑掌。

动作分解

1

◆步骤一

左腿收回平屈，上体右转，右掌变勾手，左掌向上、向右画弧后落至右肩前，左掌心斜向后方；目视右手。

●正面

◆步骤二

右腿慢慢屈膝下蹲，左腿由内向左侧伸出，成左仆步，左手随之下落，向左下方顺左腿内侧向前穿出；目视左手。

Attention

* 注：左腿向左侧伸出时，偏向后方；左手下落穿掌时，掌心向外。

3

◆步骤三

身体重心前移，以左脚跟为轴，脚尖微微外撇，左腿前弓，右腿后绷，右脚尖内扣，上体微向左转并向前起身；同时左臂继续向前伸出，立掌，掌心向右，右勾手下落，勾尖向后；目视左手。

◆ 步骤四

右腿慢慢提起、平屈，脚尖自然下垂，成左独立势；同时右勾手下落变掌，由后下方顺右腿外侧，以弧形向前摆出，屈肘立于右腿上方，肘膝相对，掌心向左；左手落于左胯旁，掌心向下；目视右手。

动作要领

左腿由内向左侧伸出时，稍向后方偏移。

左手下落穿掌时，应该掌心朝外。

右腿全蹲时，上体不能过于倾斜，左腿伸直，脚尖内扣，两脚掌要全部着地。

做独立步时，上体要正直，右腿平提，脚尖自然下垂。

常见习练误区

误区一 做左仆步动作时，身体过于前倾，且屈膝腿脚尖向前，伸直腿脚尖向前，且伸得太直。

正确练法：屈膝腿脚尖略偏外，伸直腿脚尖内扣。以左脚尖和右脚跟在一条轴线上为标准。

误区二 做左独立步时，先举起右腿，脚尖上勾，然后右臂屈肘，成挑掌。

正确练法：提腿与举掌的动作要协调一致，脚尖自然向下即可。

错误：

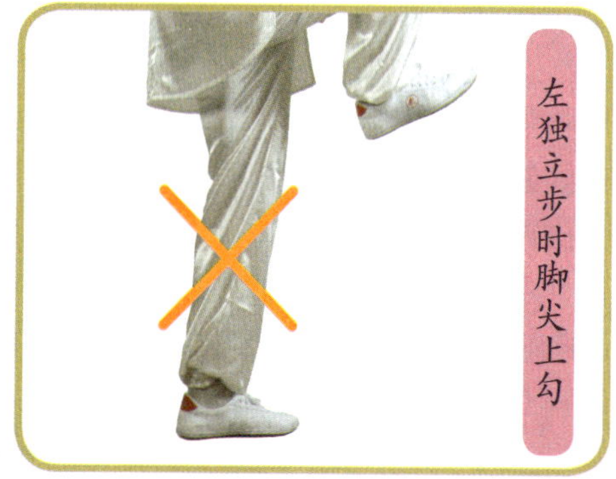

·第十七式

右下势独立

健身功效

本式功效与“左下势独立”相同。通过四肢的伸展运动，可促进血液回流，增强身体平衡性，锻炼腿部及腹部力量。长期习练，对关节炎、胃下垂、便秘、神经衰弱等有较好的防治作用。

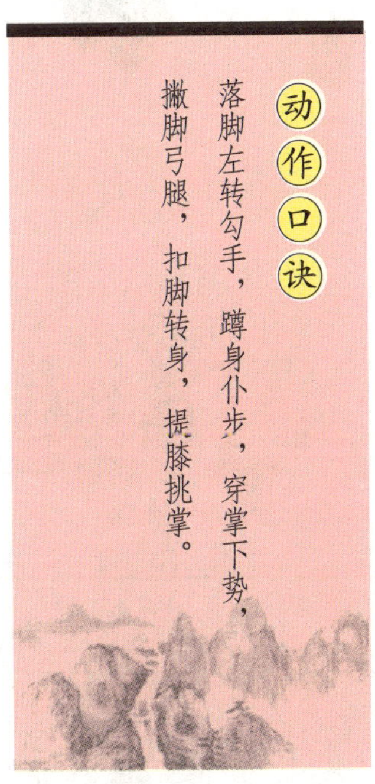

◆步骤一

右脚落于左脚前，脚掌着地，然后以左脚脚掌为轴，脚跟向左转动，身体随之左转；同时左手向后平举变成勾手，右掌随身体转动向左侧画弧，停于左肩前，掌心斜向后方；目视左手。

◆步骤二

左腿慢慢屈膝下蹲，右腿由内向右侧伸出，成右仆步，右手随之下落，向右下方顺右腿内侧向前穿出；目视右手。

◆步骤三

身体重心前移，以右脚跟为轴，脚尖微微外撇，右腿前弓，左腿后绷，左脚尖内扣，上体微向右转并向前起身；同时右臂继续向前伸出，立掌，掌心向左；左勾手下落，勾尖向后；目视右手。

◆步骤四

左腿慢慢提起、平屈，脚尖自然下垂，成右独立势；同时左勾手下落变掌，由后下方顺左腿外侧、以弧形向前摆出，屈肘立于左腿上方，肘膝相对，掌心向右；右手落于右胯旁，掌心向下；目视左手。

动作要领

做右仆步的动作时，右脚尖触地后须微微提起，再向下仆腿。

·第十八式

左右穿梭

健身功效

通过双臂在胸前的升降，疏通三阳经，将上焦肺气导引至左右手末端的手阳明大肠经而出，可治疗大便秘结之症。

◆步骤一

身体微向左转，左脚向前落地，脚尖外撇，右脚跟离地，两腿屈膝；同时两手在左胸前成抱球状，右脚收到左脚内侧，脚尖点地；目视左前臂。

1

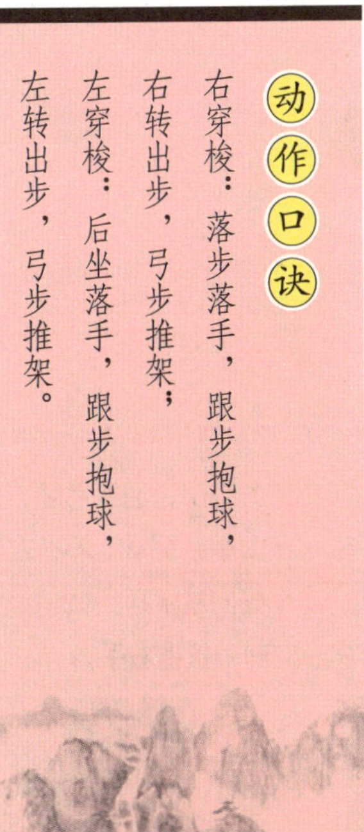

动作分解

Attention

* 注：双手呈抱球状时，右手在下，左手在上。

2

◆步骤二

身体右转，右脚随之向右前方迈出，屈膝弓腿，成右弓步；同时右手由脸前上举并翻掌，停在右额前，掌心斜向上方；左手先向左下再经体前推出，约与鼻尖等高，掌心向前；目视左手。

3

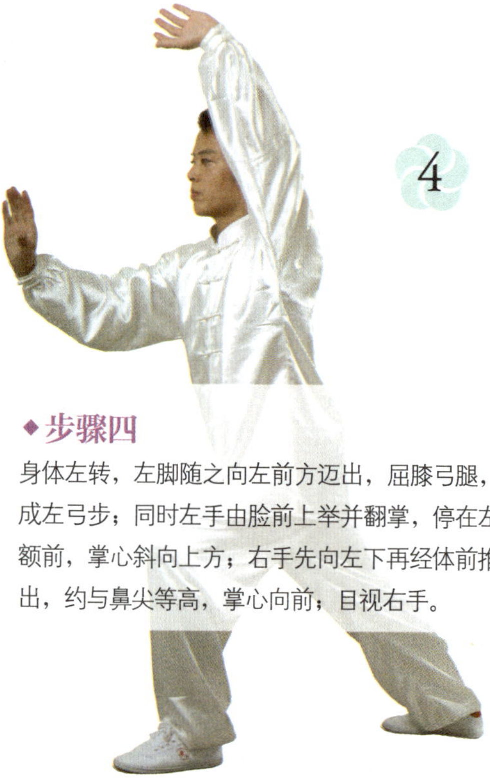

4

◆步骤四

身体左转，左脚随之向左前方迈出，屈膝弓腿，成左弓步；同时左手由脸前上举并翻掌，停在左额前，掌心斜向上方；右手先向左下再经体前推出，约与鼻尖等高，掌心向前；目视右手。

◆步骤三

身体重心稍后移，右脚尖略向外撇，身体重心随即移至右腿；左脚跟进，停于右脚内侧，脚尖点地，两手在右胸前成抱球状（右上左下）；目视右前臂。

·第十九式

海底针

健身功效

本式功效与十八式相似。主要通过四肢的屈伸运动，导引元气运行，通经活血，对便秘等症具有较好的治疗效果。

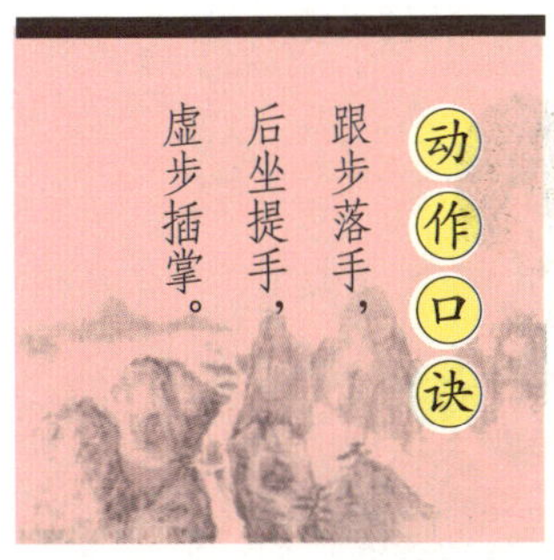

动作要领

身体先向右转，再向左转。定势时，应面向前下方。

◆步骤一

右脚向前跟进半步，身体重心移至右腿，左脚稍向前移，脚尖点地，成左虚步，身体随即稍向右转，右手跟着下落，经体前向后、向上提至肩上耳旁。左手向前下方画弧落于左胯旁，掌心向下，指尖向前。

1

◆步骤二

身体左转，右手由右耳旁斜向前下方插出，身体随之下蹲，掌心向左，指尖斜向下；目视前下方。

·第二十式

闪通臂

健身功效

习练本式要求稍加力度，配合弓步和推掌等，利于身体气血的通畅，提高肌耐力。另外，对便秘也有较好疗效。

动作分解

上体稍向右转，左脚抬起，向前迈出，屈膝成左弓步；同时右手由体前上提，接着屈肘上举，掌心向上翻转，停于右额的前方；左手向外翻转，同时上提经胸前向前推出，约与鼻尖等高，掌心向前；目视左手。

动作要领

上体要自然正直，松腰松胯。推掌、举掌、弓腿动作协调一致地完成。

动作口诀

收脚举臂，出步翻掌，弓步推掌。

·第二十一式

转身搬拦捶

健身功效

通过双手握拳、双臂画弧的动作，可调节人体经脉，尤其是妇女的任脉、冲脉和带脉。长期习练，可防治妇科病。另外，本式还具有补气益心、健肾补肝的作用。

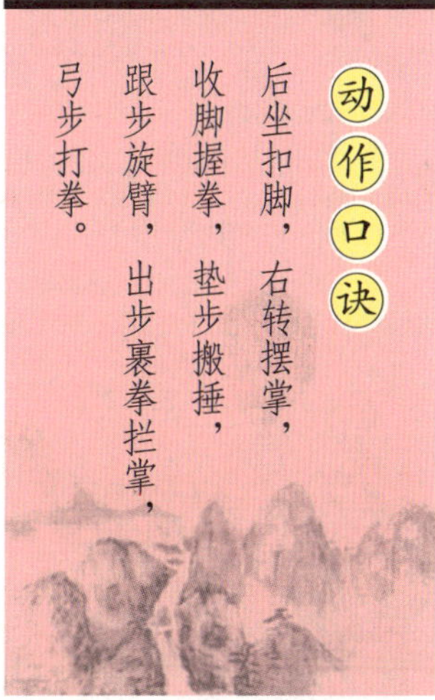

◆步骤一

上体后坐，重心移至右腿，左脚尖内扣，身体向右后转，重心随之移至左腿；同时右手随转体自右向下经腹前画弧至左肋旁，变拳，拳心向下；左手画弧形上举至左额前，掌心斜向上；目平视前方。

动作分解

◆步骤二

身体右转，右拳经胸前向前翻转、撇出，拳心向上；左手落于右臂肘关节下，掌心向上，指尖向前；同时右脚收回后再向前迈出，脚尖外撇；目视右拳。

◆步骤三

身体重心移至右腿，左脚向前迈出一步，左手随之上提，经左侧向前平行画弧推出，掌心向右，虎口向上；同时右拳画弧收到右胯旁，拳心向上；目视左手。

Attention

*注：身体向后坐时，不要后仰，臀部不要翘起。

◆步骤四

左腿前弓成弓步状，同时右拳向前方打出，拳眼向上，高度约与胸平；左手附于右前臂里侧；目视右拳。

动作要领

转体时，以腰为轴，松肩沉肘，手脚动作须协调一致。

右拳回收时，前臂先内旋画弧，再外旋停于右腰旁。

向前打拳时，手臂不能太直，切记沉肩坠肘。

弓步时，两脚后跟的横向距离不能超过10厘米。

常见习练误区

误区一 成弓步体势，拳、掌推出时，用力较大，身体过于前倾。

正确练法：身体要自然、放松，脊背、臀部、腿部基本成一条直线。

误区二 步骤二中，左手掌下落时，常常停留在腰部或胯部。

正确练法：左手掌应停于右臂肘关节下。

错误：

推掌时，身体前倾

左手落于腰胯部

·第二十二式

如封似闭

健身功效

本式功效与上式相似。重点通过双臂的运动疏通体内经气，从而达到健肾补肝、行气开郁、补益元气的功效。

Attention

*注：身体向后坐时，不要后仰，臀部不要翘起。

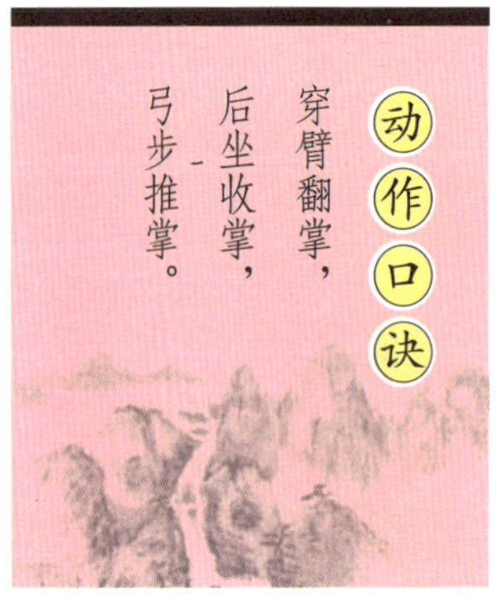

动作口诀

穿臂翻掌，后坐收掌，弓步推掌。

◆ **步骤一**

左手由右腕下向前伸出，右拳随之变掌，两手掌心渐翻转向下，接着慢慢分开、回收；同时身体向后坐，左脚尖翘起，身体重心移到右腿；目视前方。

◆**步骤二**

两手向下经腹前再向上、向前推出，腕部与肩平，掌心向前；同时，左腿前弓成左弓步；目视前方。

动作要领

双臂随身体回收时，松肩沉肘，不能直着收回。

两手推出的宽度不能超过两肩。

常见习练误区

误区 双掌前推时，双手的距离太宽。

正确练法：双手之间的宽度应该小于肩宽。

·第二十三式

十字手

健身功效

两手分开及环抱的动作，可导引人体气血运行，对肝血亏损、胸闷体疲、内分泌失调、月经不调等症具有一定防治作用。

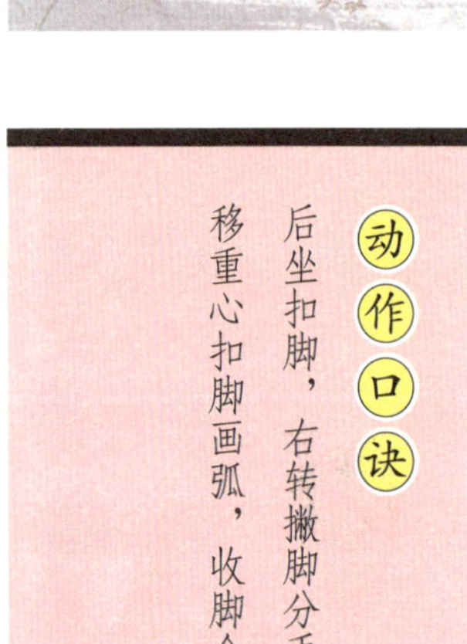

动作口诀

后坐扣脚，右转撇脚分手，移重心扣脚画弧，收脚合抱。

动作分解

1

◆步骤一

右腿屈膝后坐，身体重心移至右腿，左脚尖随之向里扣，身体接着右转；右手随着身体转动向右平摆画弧，并与左手形成侧平举，肘部微屈，掌心向前；同时右脚尖随着身体的转动，微外撇，成右侧弓步；目视右手。

2

◆ 步骤二

身体重心移至左腿，右脚尖内扣，随即右脚向左收回，两脚距离约与肩同宽，平行站立并逐渐蹬直，成开立步；同时两手向下经腹前向上画弧，交叉于胸前，右手在外，左手在内，掌心向后，两臂撑圆，成十字；目视前方。

动作要领

站起后，头颈端正，下颌稍稍收回。

双臂合抱时，切记沉肩坠肘。

十字交叉的高度约与胸齐。

常见习练误区

误区 双手分开或合抱时，身体容易前倾。

正确练法：身体应保持自然端正，膝稍弯曲。

错误：

上体前倾1

上体前倾2

·第二十四式

收势

健身功效

神意内含，沉气松体，身体处于无极状态，利于内脏恢复自然状态。

双手向外翻掌，掌心向下，两臂随之慢慢下落，停于身体两侧；目视前方。

动作要领

双手分开下落时，要全身放松，心静气平，含胸拔背，目视前方。

定势后，等呼吸平稳，再把左脚收到右脚旁，然后缓缓散步，一呼一吸迈一步，最后避风休息。

常见习练误区

误区 等最后一步完成后，身体动作随意，精神随即涣散。

正确练法：短时间内要含胸拔背，目视前方，一呼一吸，心静气和。

附录一

自然养生五禽戏

形神俱备

调理身心五禽戏

五禽戏据说由东汉医学家华佗所创，为中国民间广为流传的健身方法之一，其健身效果被历代养生家所称赞，是最贴近自然的养生法。

五禽戏的起源和发展

五禽戏的溯源

五禽戏又称“五禽操”“五禽气功”“百步汗戏”等，是东汉名医华佗根据古代导引、吐纳之术，研究了虎、鹿、熊、猿、鸟五种动物的基本习性和生活特点，并结合人体的经络、脏腑、气血、穴位等的原理编创的一套传统健身功法，也是古代体育锻炼的一种重要方法，具有疏通筋骨、防病治病、延年益寿的功效。

五禽戏的起源可以追溯到远古时代。在《吕氏春秋·古乐篇》中曾记载，当时有不少的百姓得了关节病，为此，就有了“乃制为舞”“以利导之”的治病方法，而具有“利导”作用的“舞”便成了中华气功的一种萌芽。另外，《庄子》中说：“吹呴呼吸，吐故纳新，熊经鸟申（伸），为寿而已矣。”而“熊经鸟申”就是对古代养生之士模仿动物姿势习练气功的生动而形象的描绘。

而对五禽戏是华佗编创的最早的记录见于西晋陈寿的《三国志·华佗传》中：“吾有一术，名五禽之戏，一曰虎，二曰鹿，三曰熊，四曰猿，五曰鸟。亦以除疾，并利蹄足，以当导引。”南北朝时期的范晔在《后汉书·华佗传》中也有对此的记载，这更证明了华佗编创五禽戏确有其事，不过可惜的是，有文无图。

此后，南北朝时期的陶弘景、明代的周履靖、清代的曹无极和曹锡蕃对五禽戏做了更为全面的记载，除了文字，还配了图，并对习练法进行了详细描述。而从其对“五禽”动作、神态、习练顺序及与气血等的关系的讲述，与华佗所创五禽最为接近，这也成为后人研究五禽戏起源的重要文献资料。

五禽戏的推广

虽然五禽戏的“戏”是嬉戏、游戏的意思，但它不是一套简单的导引术或体操，而是一套高级的保健养身功法，是中国最早的、最完整的医疗保健操，对后世的气功、武术等具有重大影响。

1982年，五禽戏等中国传统健身法作为在医学类大学中推广的“保健体育课”的内容之一。2003年，中国国家体育总局把重新编排后的五禽戏等健身法作为“健身气功”的内容之一推广到全国。五禽戏发展到现在，已经形成了许多流派，每个流派都有着各自不同的特色和风格，有些甚至冠以华佗之名。但不论哪一派，外功型还是内功型、锻炼身体还是意念，都是在模仿“五禽”动作的基础上，以强身健体、防病治病、健身延年等为目的的功法。

本书以《三国志·华佗传》为依据，顺序为虎、鹿、熊、猿、鸟，动作沿用了陶弘景在《养性延命录》中的记载，共五戏，每戏两式，简单易学，为了使身体达到更好的效果，增加了起势和收势。同时为了更符合现代人的习练习惯，编者在古代文献的基础上，凝炼精华，并加以提炼和改进，使其更具有现代气息和特征，更加符合现代科学化的健身观。

五禽戏的功法特点和养生功效

五禽戏的功法特点

简单易学，安全可靠

为了便于广大群众习练，本套五禽戏在对传统五禽戏进行挖掘、整理的基础上，动作力求简单、左右对称、平衡发展；既可全套连贯习练，也可根据自身情况侧重多练某戏，或某一式。此健身功法属有氧运动，运动量较为适中，调节每势动作的运动幅度和强度可使个人习练更为安全可靠。

另一方面，整套功法虽然动作相对简单，但每一动作无论是动态或静姿，都有其细化、精化的余地。如两臂的举起和下落，就可分为提、举、拉、按四个阶段，并在每一阶段将内劲贯注于动作的变化之中。眼神要随手而动，等动作熟练后，还可按照起吸落呼的规律以及动作的神韵要求，内外合一地进行锻炼。习练者可根据自身条件和健康状况，循序渐进，逐步提高。

◆伸筋拔骨，锻炼关节

五禽戏的动作体现了身体躯干的全方位运动，包括前俯、后仰、侧屈、拧转、折叠、提落、开合、缩放等各种不同的姿势，尤其是对颈椎、胸椎、腰椎等各部位进行了有效的锻炼。但总的来看，此套功法还是以腰为主轴和枢纽，从而带动上、下肢向各个方向运动，以增大脊柱的伸展活动幅度，进而增强健身功效。

五禽戏还特别注意手指、脚趾等关节的运动，以达到加强远端血液微循环的目的；同时，还对平时活动较少或为人们所忽视的肌肉群加强了锻炼。

◆内引外导，形松意紧

“导引”在古代意为“导气令和，引体令柔”。导气令和主要是指疏通体内气血和调顺呼吸之气；而引体令柔是指活动关节、韧带、肌肉的肢体运动。

五禽戏是一种以模仿动物姿势动作、以动为主的功法，根据动作的升降开合，以形引气。虽然“形”显于外在，但却时时被内在的“意”“神”所牵制。外形动作既要求达到“五禽”的神韵及特点，又要求意气相随，内外合一。例如“熊运”，外形看起来是两手在腹前画弧，腰、腹部跟着摇晃，实则是要求丹田之气也要随之运行，并配以呼吸法，从而达到“心息相依”的境界。

习练者在练功过程中，首先要保持姿势的正确性和标准性；其次做到身体尽量自然，肌肉尽量放松，做到不僵硬、不拿劲、不软塌。只有肢体松沉自然，才能做到以意引气，气贯全身，以气养神，气血通畅。

◆动静结合，练养皆备

五禽戏模仿“五禽”的动作和姿势，舒肢展体，活络筋骨；同时在功法的起势、收势以及每一戏结束后，稍停一会儿。短暂的“站桩”利于习练者以一种相对平稳的状态和心境进入下一动作，从而达到“外静内动”的功效。动与静的有机结合，两个阶段的交替出现，起到练养相兼的互补作用，促进练功效果的进一步提高。

五禽戏的养生功效

◆虎戏主肝

习练虎戏时重点在于模仿虎的动作及虎的威猛和神态，同时身形也要尽量做到“猛虎扑食”。威，生于爪，所以要力达指尖；神，发于目，所以要圆睁双目。爪与目都属肝，因此用力时可带动调理气血，进而起到舒筋、养肝、明目的作用。身体在配合做虎举与虎扑的动作时，双臂须向上拔伸，身体两侧随之得到锻炼，而这正是肝、胆经的循行部位，因而此部位的气血可以变得更为通畅。经常练习，不仅肝气舒畅，而且肝系疾病和其他的身体不适也会得到缓解。

◆鹿戏主肾

做“鹿抵”时，腰部会左右扭动起来，尾闾也会跟着运转，而腰为肾之腑，通过这些腰部的活动锻炼，可以达到刺激肾脏、壮腰强肾的作用；做“鹿奔”时，要内含胸，后凸脊，从而形成“竖弓”状，脊柱的旋转运动可以使命门开合，进而强壮督脉。肾为精之府，督脉主一身阳气，肾脏与督脉功能得到改善，因此对于生殖系统的调节大有裨益。

◆熊戏主脾

做“熊运”时，身体要以腰为轴进行运转，这个动作可以使中焦气血通畅，随之对脾、胃也会起到一定的挤压、按摩作用；做“熊晃”时，身体会不时地左右摇晃，这个动作可以疏肝理气，还有健脾、胃的功能。脾、胃主导人体的五谷水食，其功能不仅可以增强消化系统功能，还可以为身体提供充足的营养物质。长期习练熊戏，还可以改掉挑食的习惯，使腹胀、腹痛及便溏、便秘等症状得到缓解。

◆猿戏主心

做“猿提”时，手臂须夹于胸前、收腋，而手臂内侧有心经循行，所以，通过习练这个动作利于心经血脉的通畅；做“猿摘”时，由于上肢动作幅度较大，所以不仅对心经循行部位有较好的锻炼作用，也对胸廓起到挤压、按摩作用，这些都对心脏泵血功能有好处。心主血脉，因此长期习练猿戏，可以改善心悸、心慌、失眠多梦、盗汗、肢冷等症状。

◆鸟戏主肺

鸟戏动作主要还是在于双臂的升、降、开、合，这些动作不仅可以牵拉肺经，从而疏通肺经的气血，还通过胸廓的开、合直接改善、调理肺的功能，促进肺的吐故纳新，提升肺脏的呼吸力。肺主气，司呼吸，因此长期习练鸟戏，对人体呼吸功能的改善及缓解胸闷气短、鼻塞流涕等症都有较好的作用。

五禽戏的习练要领

◆形

形，指习练时的身体结构。古人曰：“形不正则气不顺，气不顺则意不宁，意不宁则神散乱”，这恰到好处地说明了躯体在练功中的关键性。练功初期，身体要站直，头要摆正，胸要稍稍内含，肩膀自然下垂，体态及身体各部位自然、放松、舒适，而且不仅要放松肌肉，精神上也要放松，同时调匀呼吸，从而逐步进入练功状态。一开始，习练者首先要对每戏、每式的名称、含义进行明确了解，随之

模仿做出相应的动作造型。动作一定要到位，符合规范性，尽力做到“演虎像虎”“学熊似熊”的地步。特别是对动作的起落、高低、轻重、缓急、虚实要分辨清楚，不僵硬，不停滞，柔美而灵活。

◆神

神，指习练时的神态和神韵。习练健身气功应当做到“唯神是守”。只有“神”守于“中”，“形”才能全于“外”。而“五禽戏”的戏，虽然有玩耍、游戏之意，但它并不是叫习练者可以随心所欲地习练，这是五禽戏与其他气功功法的不同之处。只有准确地掌握了“五禽”的神态，进入五禽如平常那般玩耍、游戏的意境，习练此套动作的神韵才会真正地显现出来，才能达到习练的高境界。虎戏要表现虎的威猛气势；鹿戏要表现鹿的自由舒展；熊戏要表现熊的憨厚沉稳；猿戏要表现猿的灵活敏捷；鸟戏要表现鹤的潇洒挺立。

◆意

意，指习练时的意念和意境。《黄帝内经》中讲道：“心为五脏六腑之大主，心动五脏六腑皆摇。”这里的“心”指的是大脑，说明了五脏六腑的功能受思维活动及情绪变化的影响非常之大。因此，在习练中，务必要尽可能排除杂念和坏情绪，为心创造一个美好的环境，从而更好地为练功做好准备。练功开始时，如果心神无法专注，可以通过想象腹部下丹田处来使思想集中一致，进而慢慢驱除杂念，进入心静神凝的状态。习练每戏时，要入“戏”，由心带身进入“五禽”的意境，从而更逼真地模仿五禽的动作。比如，习练虎戏时，要把自己想象成一头深山中的猛虎，伸展肢体，抓捕食物；习练鹿戏时，要把自己想象成一头轻灵可爱的梅花鹿，众鹿戏抵，伸足迈步；习练熊戏时，要把自己想象成一头山林中的笨黑熊，转腰运腹，摇摇晃晃；习练猿戏时，要把自己想象成一只在花果山中上下跳跃的灵猴，活泼灵巧，摘桃献果；习练鸟戏时，要把自己想象成是江边的仙鹤，抻筋拔骨，展翅飞翔。意随形动，气随意行，意、气、形合一，疏经又调血。

◆气

气，指练功时的呼吸法，也称调息。习练者，尤其是初学者一定要有意识地注意调整呼吸，不断去体会、揣摩、掌握、运用，最后与自己的身体状况相配合，与导引动作相适应，从而使气、行协调一致。不过，气息的掌握需要一定时间的习练，所以对于初学者，应首先学会动作，明确其含义，做到姿势到位，动作连贯；等身体进入熟练阶段后，自然在习练时就会放松，情绪也随之变得安宁，此时，再逐渐加强对呼吸的调整。古人曰："使气则竭，屏气则伤"，这对于习练者是一个明确的告诫：呼吸的"量"和"劲"要适宜，不能憋气。其实，习练五禽戏有多种呼吸法，比如自然呼吸、腹式呼吸、提肛呼吸等，习练时可根据动势的变化及个人情况进行选用，但不论运用哪种呼吸法，一定不能违背呼吸和动作配合的规律：起吸落呼，开吸合呼，先吸后呼，蓄吸发呼。

习练五禽戏的宜忌

宜忌

时间宜忌

（1）饭前及饭后45分钟不宜习练。

（2）有心血管疾病的患者，避免在上午习练。

（3）冬天室外习练，最好在上午9点，即太阳出来后。

（4）有失眠症的人上午不宜习练。

（5）初练者一般以20～30分钟为宜，后随着时间可逐渐加深、延长。

身心宜忌

（1）心中郁闷、烦躁者不宜习练。

（2）情绪起伏较大且激动者不宜习练。

（3）激烈运动后，心情未平静者不宜习练。

（4）饥饿、酗酒、饱食后不宜习练。

【五禽戏的基本动作与技法】

手型

五指张开，虎口尽量撑圆，手指的第一、二节弯曲内扣，像虎爪一样充满力道。

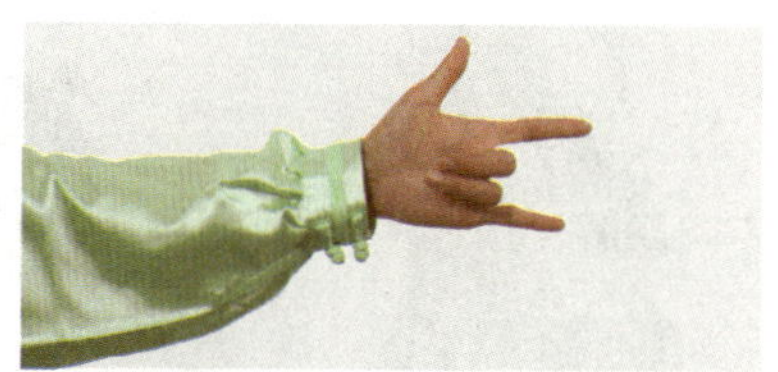

除大拇指外其余四指伸直，中指、无名指弯曲内扣。

除拇指外的其余四指并拢弯曲，不需要握紧，虎口撑圆，大拇指压于食指指端。

五指指腹捏拢，屈腕。

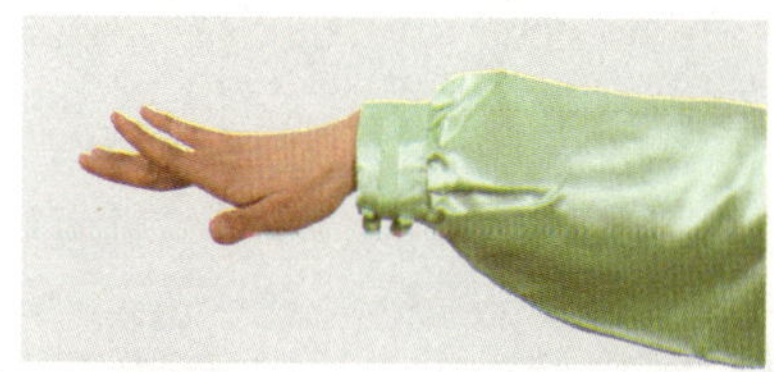

五指并拢伸直，拇指、食指、小指向上翘起，无名指、中指并拢向下。

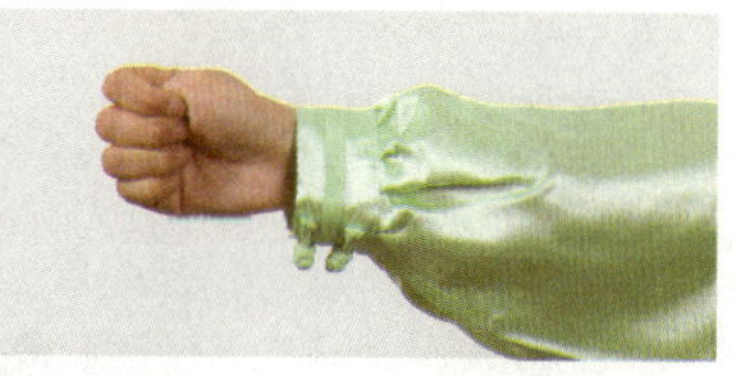

拇指抵掐无名指指根内侧，其余四指屈拢收于手心。

步型

一腿向任意方向迈出一大步，同时膝关节弯曲成90°左右，膝关节与脚尖上下相对，脚尖稍内扣；另一腿自然伸直，全脚掌着地，脚尖稍内扣，且上体与地面垂直。按动作的方向有侧弓步、前弓步、后弓步等。

一脚向前迈出一步，脚跟着地，与臀部上下相对，脚尖上翘，膝盖微屈；另一条腿屈膝下蹲，全脚掌着地，脚尖斜向前方；身体重心七分落于支撑腿，三分落于虚步腿。

左腿支撑，右腿屈膝上提，右脚绷脚面内扣于左腿前。

双脚脚跟提起，头部百会穴牵动身体垂直向上，同时收腹、提肛。

右腿支撑，左腿提起，小腿垂直于地面。

单脚支撑,另一脚向后悬起或扣摆于支撑腿上。

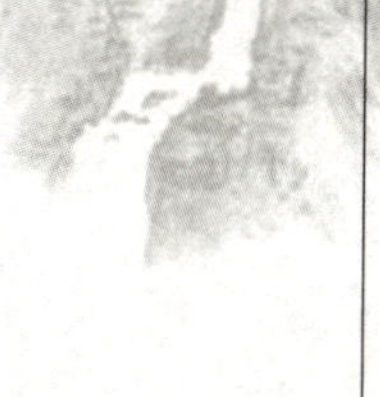

绘声绘色五禽戏

健身功效

安神静心，调理气息，升清降浊，吐故纳新，引导入境。

Attention

＊注：舌抵上腭，犹如口中含东西，利于任、督二脉气血的运行。

·五禽戏

起势·调息凝神

◆ 步骤一

身体自然直立，两臂下垂，双脚并拢，下颌略内收，舌抵上腭，两眼平视前方，精神集中，呼吸匀畅。

◆ 步骤二

重心稍右移，左脚向左侧横跨一步，距离稍宽于肩，两膝微屈，静静站立，调息数次，意守丹田。

3

侧面

◆步骤三

双肘微屈，双臂随之经体前向上、向前平托，掌心向上，抬至约与胸同高。

*注：手臂上提时吸气；下按时呼气。

侧面

4

5

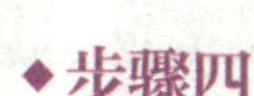

动作要领

调息时，动作要均匀、柔和、连贯，呼吸要绵长、深匀。

配合呼吸法，即双臂上提时吸气，双臂下按时呼气。另外，整个动作应以肩为轴，肩沉则气沉。

◆步骤四

双肘自然下垂、外扩，同时双掌慢慢向内翻转，并缓缓下按于腹前；目视前方。

◆步骤五

重复动作3～4遍后，双手自然垂于体侧；目视前方。

虎戏

虎戏包括虎举、虎扑二式，主要体现虎的威风凛凛、霸气神威。威见于爪，伸缩有力而骇人；威源于目，虎视眈眈而慑人。除此之外，虎戏动作虽看似朴素愚笨，实际却有力地体现了“虎”的充沛劲力及动作意识，并且还蕴藏着中医学、气功学、人文学等博大深奥的理论，只有在坚持不懈的习练和长期的理论修养下，才会感悟到其中的内涵，并取得显著的健身效果。

虎戏·第一式

虎举

动作分解

1

◆步骤一

双手掌心向下，十指展开，再弯曲成虎爪状，头自然低下；目视双掌。

健身功效

双掌举起、下落，一升一降，吸清气，呼浊气，可疏通、调理三焦；手掌变成虎爪，再变成拳头，可以改善血液循环，增强握力。

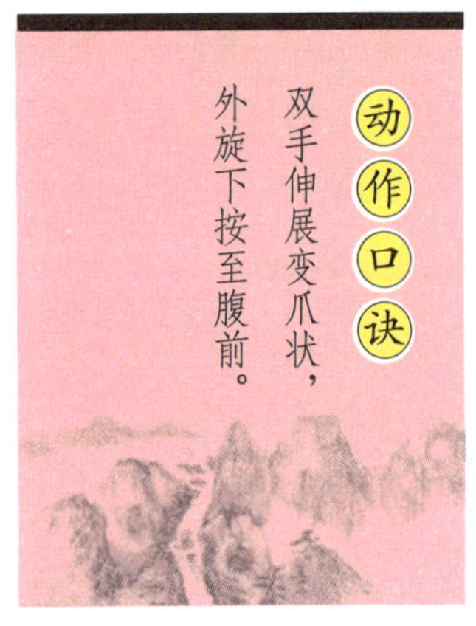

动作口诀

双手伸展变爪状，外旋下按至腹前。

◆ **步骤三**

等双拳移至肩前时，十指打开，上举至头上方，手指再弯曲成虎爪状；目视双掌。

◆ **步骤二**

小指先弯曲，其余四指依次弯曲握拳，然后，双拳沿体前慢慢上提。

◆ **步骤四**

双掌外旋握拳，拳心相对；目视双拳。

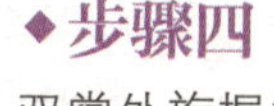

Attention

*注：双掌上举时，犹如托重物之感，双臂伸直，提胸收腹；吸气。

◆**步骤五**

双拳下拉至肩前时，松拳变掌。

◆**步骤六**

双掌下按，顺着体前落至腹前，十指打开，掌心向下；目视双掌。

◆**步骤七**

重复此套动作3遍后，双手自然垂于体侧，目视前方。

Attention

*注：双掌下按时保持平行轨迹；呼出浊气。

动作要领

整套动作中，要做到眼随手动，眼睛时刻注意着双手。

配合呼吸法，即双掌上举时吸气，下落时呼气。

双掌上举时，要提胸收腹，抻筋拔骨，身体与地面保持垂直；手臂伸展，就像托着重物一样。

常见习练误区

误区一 手由爪变拳时，虎爪的过程没有做出来。

正确练法：手指先完全打开，然后第一、二指关节依次慢慢弯曲，最后紧握成拳。

误区二 手握拳时，五指直接屈拢。

正确练法：握拳时，从小指开始，无名指、中指、食指、大拇指依次收回。

误区三 双爪上举时，掌指无力，双臂斜向前。

正确练法：双掌位于头上方，力达指尖，犹如手托重物，挺胸收腹。

虎戏 · 第二式

虎扑

健身功效

此动作锻炼了脊柱各关节的柔韧性和伸展性，从而带动腰背部运动，增强腰背部肌肉力量，也对腰肌劳损、习惯性腰扭伤等疾病具有显著的治疗和预防作用。另外，脊柱的伸展活动，还起到疏通经络、活跃气血的作用。

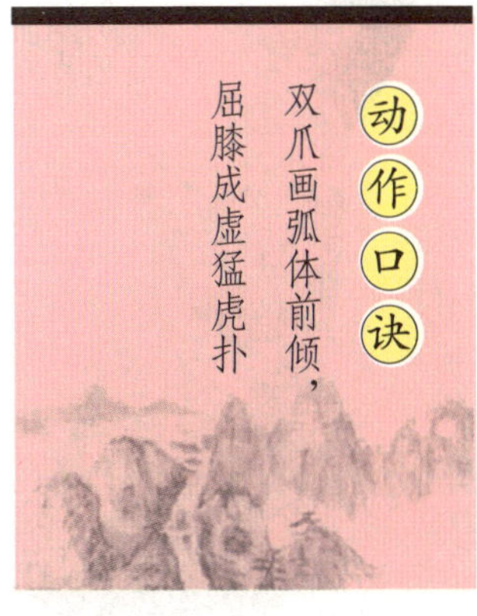

动作分解

◆步骤一

身体呈后弓形，双手握空拳，沿身体两侧向上提至肩前上方。

◆步骤二

双手空拳从肩上方向上、向前扑出，双手十指弯曲成虎爪状，掌心向下，挺胸塌腰，头略抬；目视前方。

◆步骤三

双腿屈膝下蹲，收腹含胸；同时双手回拉至双膝侧，掌心向下；目视前下方。

◆步骤四

两膝伸直，髋部前挺，向前挺腹，后仰；同时虎爪变空拳，拳心向下，提拉至胸侧，目视前上方。

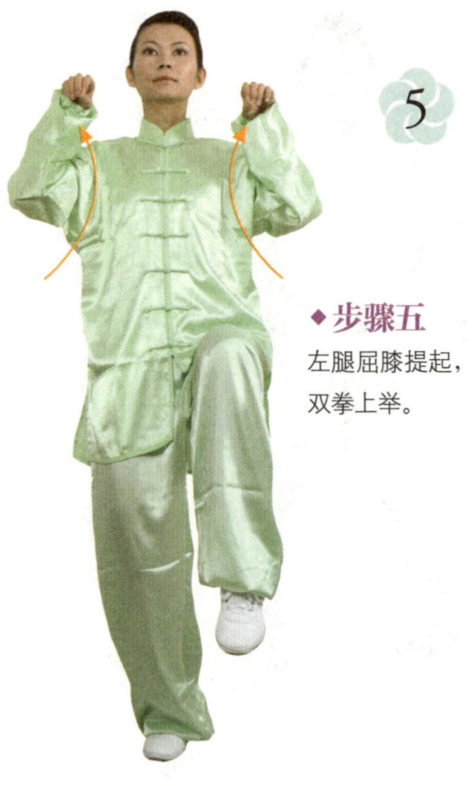

◆**步骤五**

左腿屈膝提起，双拳上举。

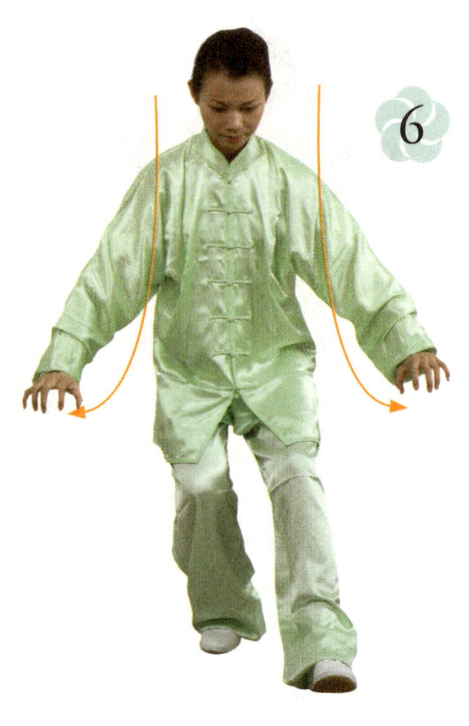

◆**步骤六**

左脚落下时，往前迈出一步，脚跟着地，右腿随之微屈膝下蹲，成左虚步；同时上体前倾，双拳变虎爪向前、向下扑至膝前两侧，掌心向下；目视前下方。

Attention

＊注：双爪向前扑出时，上体前俯，挺胸抬头。

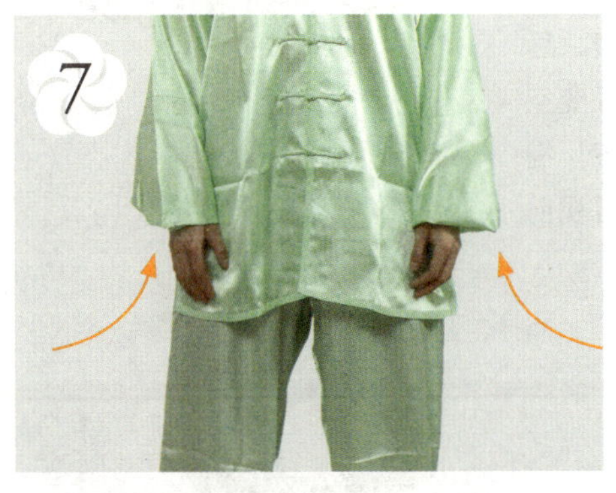

◆**步骤七**

稍停，上半身抬起，左脚收回，双脚开步站立，双手随之收回，自然下落垂于体侧；目视前方。

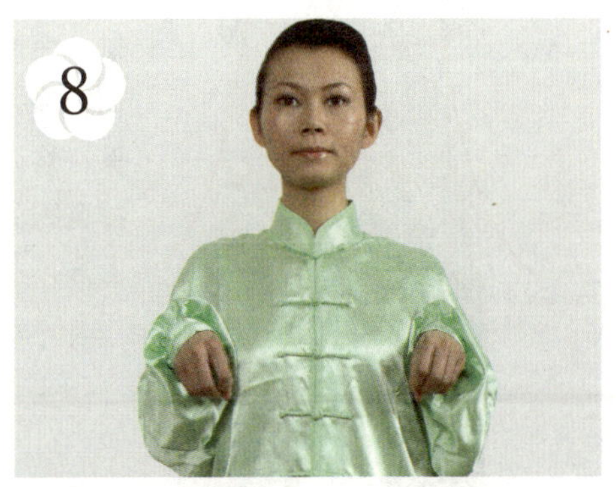

◆**步骤八**

身体呈后弓形，双手握空拳，沿身体两侧向上提至肩前上方。

9

◆**步骤九**

双手空拳从肩上方向上、向前扑出，双手十指弯曲成虎爪状，掌心向下，挺胸塌腰，头略抬；目视前方。

10

◆**步骤十**

双腿屈膝下蹲，收腹含胸；同时双手回拉，至双膝侧，掌心向下；目视前下方。

11

◆**步骤十一**

两膝伸直，髋部前挺，向前挺腹，后仰；同时虎爪变空拳，拳心向下，提拉至胸侧，目视前上方。

12

◆**步骤十二**

右腿屈膝提起，双拳上举。

◆步骤十三

右脚落下时，往前迈出一步，脚跟着地，左腿随之微屈膝下蹲，成右虚步；同时上体前倾，双拳变虎爪向前、向下扑至膝前两侧，掌心向下；目视前下方。

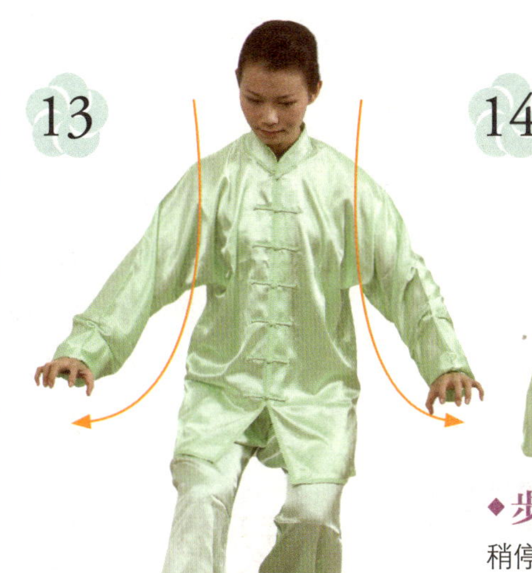

Attention

＊注：迈步时，双脚横向距离保持一定宽度，保持身体平稳。

◆步骤十四

稍停，上半身抬起，右脚收回，双脚开步站立，双手随之收回，自然下落垂于体侧；目视前方。

◆步骤十五

重复一遍此套动作后，双掌向身体前侧方举起，约与肩同高，掌心向上；目视前方。

◆步骤十六

双臂屈肘，双掌内含、下按，自然垂于体侧；目视前方。

鹿戏

◎伸转头颈，轻盈舒展

鹿，是人们所熟知的一种动物，它轻盈灵活，优雅可爱，和仙鹤一样象征着吉祥、长寿。鹤为仙禽，鹿为瑞兽。鹿作为长寿仙兽，在晋代葛洪编著的《抱朴子》中便有记载：“鹿寿千岁，满五百岁则其色白。”鹿之所以长寿，就在于它好用角抵，擅长奔跑，尤其在休息时，蜷曲静卧，首尾相连，打通了任、督二脉。所以，五禽戏中的鹿戏仿效鹿的特点练功，不仅可强腰壮脊，还可延年益寿。

鹿戏·第一式

鹿抵

◆步骤一

双腿微屈，身体重心移至右腿，左脚经右脚内侧向左前方迈步，脚跟着地；同时身体右转，双手握空拳，双臂向右侧摆起，约与肩平，拳心向下；目随手动，视右拳。

健身功效

中医认为，“腰为肾之府”。腰部的侧屈拧转，不仅可以增强腰部力量，防止腰部脂肪堆积，还可强腰补肾、强筋健骨。另外，目视后脚脚跟，加大了腰部的旋转程度，从而对腰椎小关节紊乱等症起到很好的防治之效。

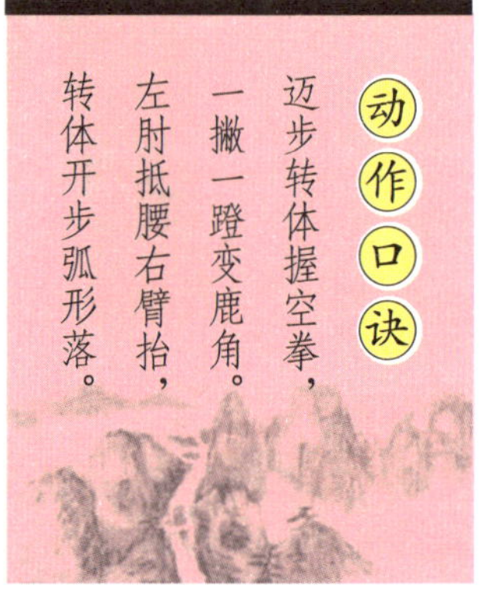

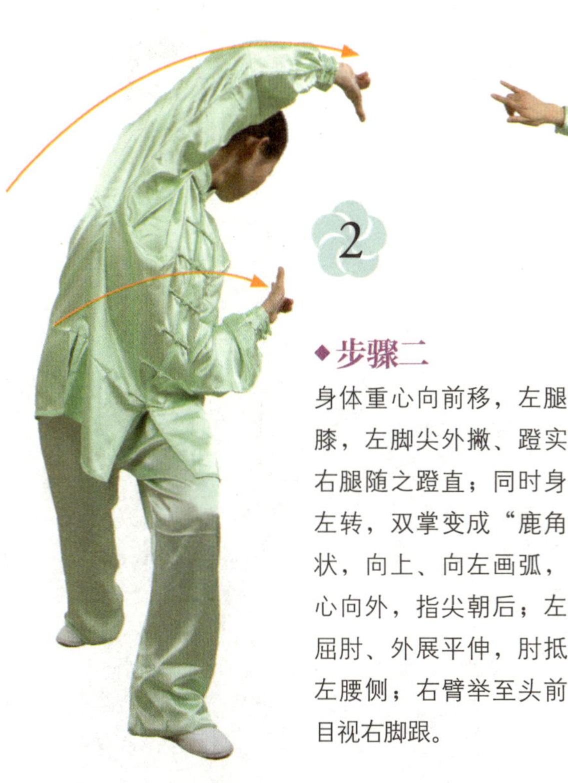

◆步骤二

身体重心向前移，左腿屈膝，左脚尖外撇、蹬实，右腿随之蹬直；同时身体左转，双掌变成“鹿角”状，向上、向左画弧，掌心向外，指尖朝后；左臂屈肘、外展平伸，肘抵靠左腰侧；右臂举至头前；目视右脚跟。

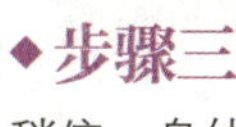

◆步骤三

稍停，身体右转，左脚收回，开步站立；同时双手向上、向下画弧，双掌握空拳下落于体前；目视前下方。

◆步骤四

双腿微屈，身体重心移至左腿，右脚经左脚内侧向右前方迈步，脚跟着地；同时身体左转，双手握空拳，双臂向左侧摆起，约与肩平，拳心向下；目随手动，视左拳。

◆步骤五

重心前移，右腿屈膝，右脚尖外撇、蹬实，左腿随之蹬直；同时身体右转，双掌变成“鹿角”状，向上、向右画弧，掌心向外，指尖朝后；右臂屈肘、外展平伸，肘抵靠右腰侧；左臂举至头前；目视左脚跟。

6

◆**步骤六**

稍停，身体左转，右脚收回，开步站立；同时双手向上、向下画弧，双掌握空拳下落于体前；目视前下方。

7

◆**步骤七**

重复动作3遍后，双手自然垂于体侧，目视前方。

常见习练误区

误区 双手成“鹿角”画弧时，前脚脚尖朝前或内扣，身体侧屈不够，无法看到后脚脚跟。

正确练法： 落步时，前脚脚尖外展、踏实，左肘压紧腰侧，右手尽量伸展，充分拉展另一腰侧，眼睛则越过与前脚相对的肩膀看后脚的脚跟。

错误：

身体过于前倾，眼未看后脚跟

鹿戏·第二式

鹿奔

健身功效

双臂内旋、前伸，可牵拉肩、背肌肉，对颈、肩病症具有很好的防治作用；弓背收腹，增强腰、背肌肉力量，起到矫正脊柱的作用；身体后坐时，打开大椎穴，可以疏通经气，振奋全身阳气。

动作口诀

一屈一伸握空拳，画弧屈腕与肩平。
收腹弓背变鹿角，挺身成弓臂外旋。

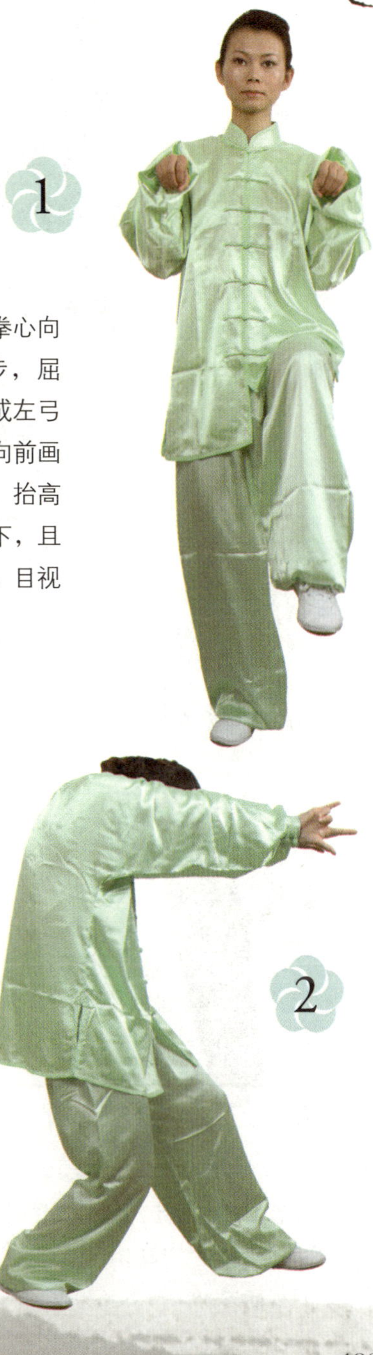

1

◆步骤一

双手握空拳，屈腕，拳心向下。左脚向前迈一步，屈膝，右腿随之蹬直，成左弓步；同时双拳向上、向前画弧至体前，向下屈腕，抬高至约与肩平，拳心向下，且双臂距离约与肩同宽；目视前方。

◆步骤二

身体重心向后移，左膝挺直，全脚着地，同时右腿屈膝，低头，收腹，弓背，双臂随之内旋，双拳拳背相对、前伸，拳变为“鹿角”。

2

3

◆ 步骤三

身体重心前移，上半身挺起，右腿伸直，左腿随之屈膝，成左弓步，松肩沉肘，双臂外旋，手由“鹿角”变为空拳，拳心向下，约高于肩；目视前方。

◆ 步骤四

左脚收回，双脚成开立步，双拳变掌，回落于体侧；目视前方。

4

5

6

◆ 步骤五

双手握空拳，屈腕，掌心向下。右脚向前迈一步，屈膝，左腿随之蹬直，成右弓步；同时双拳向上、向前画弧至体前，向下屈腕，抬高至约与肩平，拳心向下，且双臂距离约与肩同宽；目视前方。

◆ 步骤六

身体重心后移，右膝挺直，全脚着地，同时左腿屈膝，低头，收腹，弓背，双臂随之内旋，双拳拳背相对、前伸，拳变为“鹿角”。

◆步骤七

身体重心前移，上半身挺起，左腿伸直，右腿随之屈膝，成右弓步，松肩沉肘，双臂外旋，手由“鹿角”变为空拳，拳心向下，约高于肩；目视前方。

◆步骤八

右脚收回，双脚成开立步，双拳变掌，回落于体侧；目视前方。

Attention

*注：左膝挺直，左脚全脚掌撑地，收腹后顶，腰背部成“竖弓”状。

◆步骤九

将此套动作重复一遍，然后双掌向身体侧前方举起，掌心向上，约与胸同高；目视前方。

◆步骤十

双臂屈肘，双掌内合下按，并自然垂于体侧；目视前方。

熊戏，是模仿熊的动作的一种导引功法，后为五禽戏之一。

《云笈七签·导引按摩》中写道："熊戏者，正仰，以两手抱膝下，举头，左辟地七，右亦七，蹲地，以手左右托地。"熊性情浑厚沉稳，身体笨而轻灵，所以习练时，不仅要体现出熊浑厚沉稳的神态，还要体现出笨重之中的轻灵。此外，熊戏具有打基础的作用，熊步对于高血压、神经衰弱、关节及肌肉运动障碍以及一般体弱者具有很好的治疗作用。

熊戏·第一式

熊运

动作分解

健身功效

腰、腹转动，双拳画圆，不仅可以活动腰部关节，防治腰肌劳损等疾病，还可以引导内气运行，加强脾、胃功能；同时，对消化不良、腹胀纳呆、便秘腹泻等也有很好的治疗效果。

◆**步骤一**

双手握空拳成"熊掌"，拳眼相对，垂于下腹部；目视双拳。

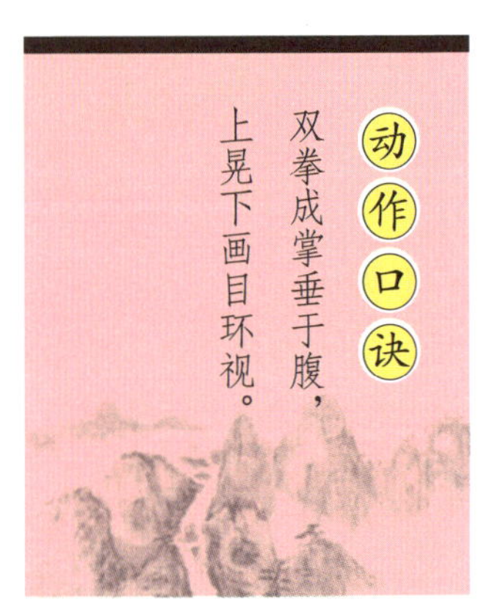

动作口诀

双拳成掌垂于腹，上晃下画目环视。

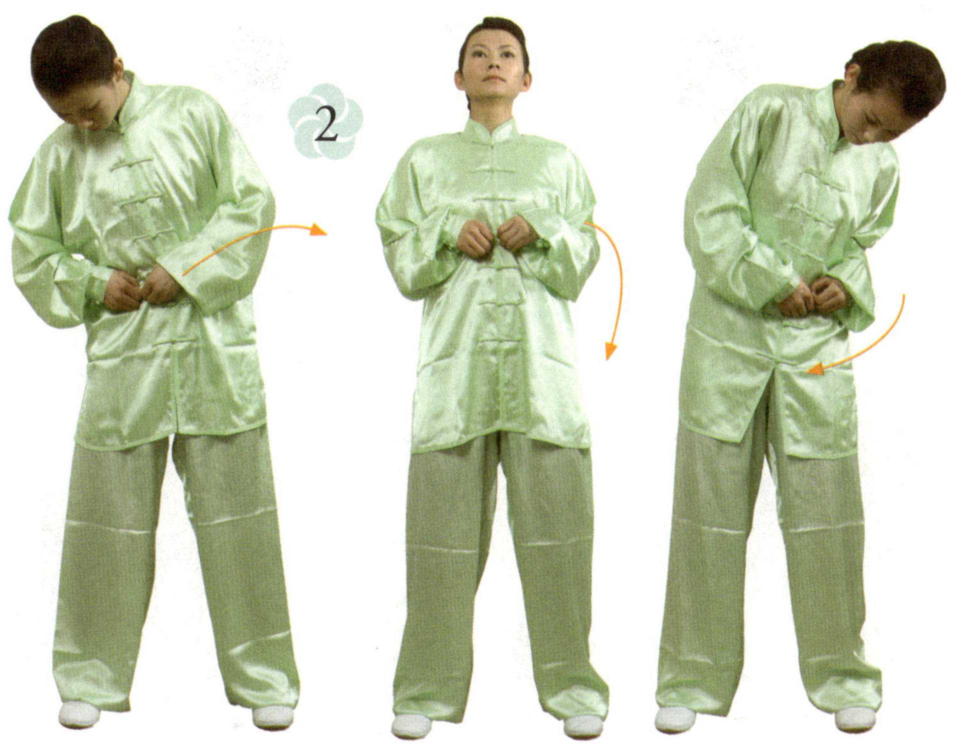

◆步骤二

以腰、腹为轴，上半身按顺时针方向做摇晃，双拳随之经右肋部、上腹部、左肋部、下腹部画圆；目随身体摇晃而环视。

Attention

*注：步骤一、步骤二重复两遍。

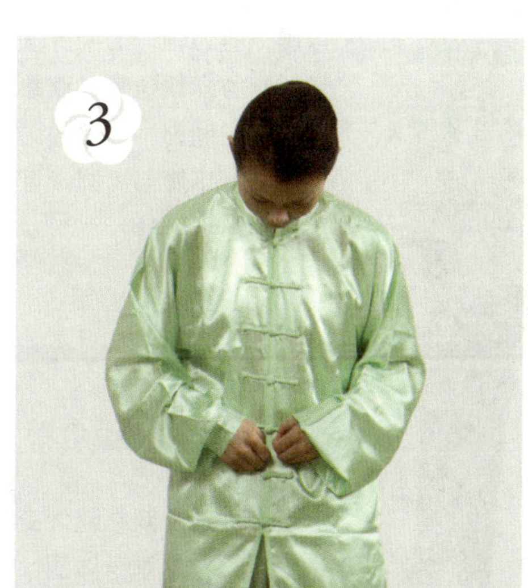

Attention

*注：步骤三、步骤四重复两遍。

◆步骤三

双手握空拳成“熊掌”，拳眼相对，垂于下腹部；目视双拳。

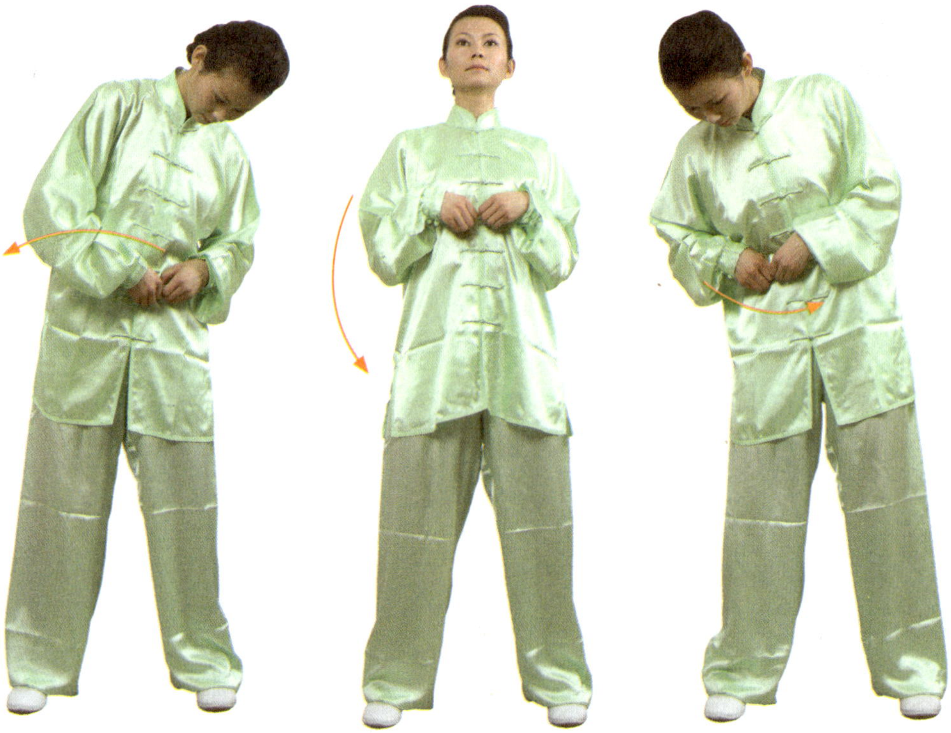

4

◆ **步骤四**

以腰、腹为轴，上半身按逆时针方向做摇晃，双拳随之经左肋部、上腹部、右肋部、下腹部画圆；目随身体摇晃而环视。

5

◆ **步骤五**

上半身立起，双拳随之变掌下落，自然垂于体侧；目视前方。

熊戏·第二式

熊晃

图解动作

健身功效

身体左右摇晃，可以牵动两肋，起到调理肝、脾的作用；提髋行走，落步微震，增强髋关节的肌肉力量，提高平衡能力，对于老年人下肢无力、髋关节损伤、膝痛等有很好的治疗效果。

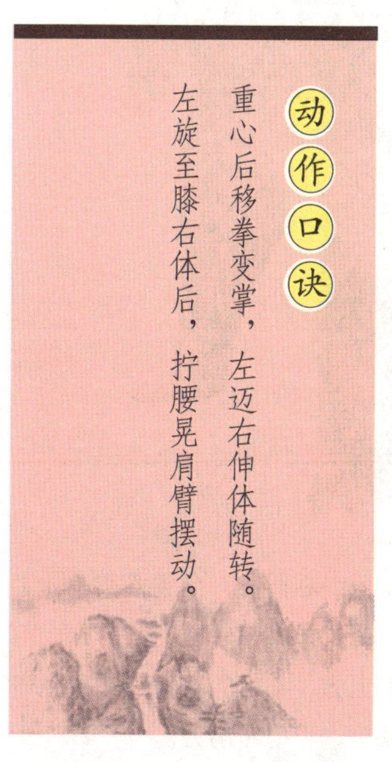

动作口诀

重心后移拳变掌，左迈右伸体随转。
左旋至膝右体后，拧腰晃肩臂摆动。

1

◆ **步骤一**

身体重心向右移，左髋随之上提，牵动左脚离地；同时左腿屈膝、抬起，双掌握空拳，再变“熊掌”；目视左前方。

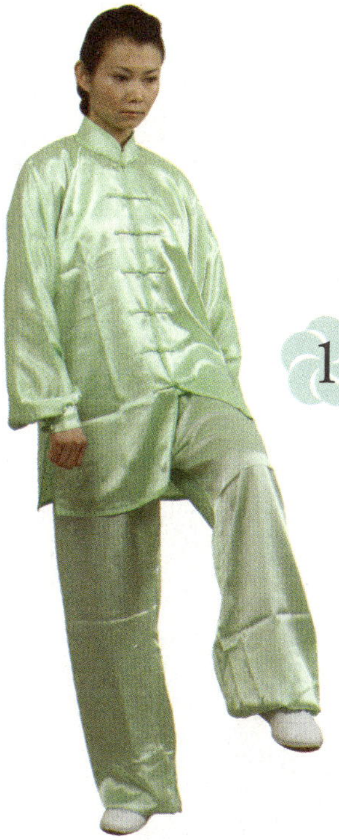

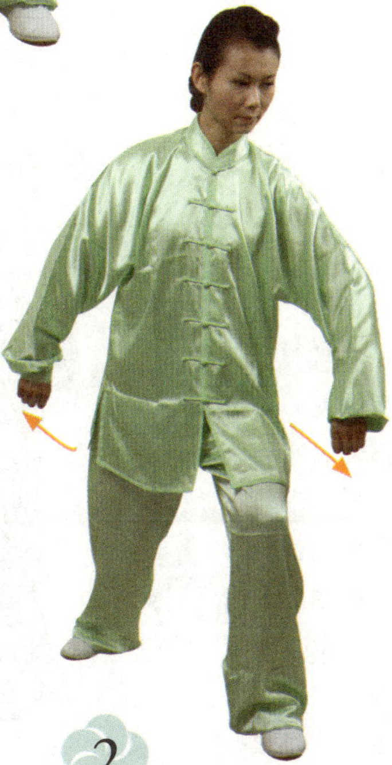

2

◆ **步骤二**

身体重心前移，左脚迈向左前方，全脚踏实，脚尖朝前，右腿随之伸直，身体向右转，左臂内旋、前靠，左拳摆至左膝前上方，拳心朝左；右拳摆至体后，拳心朝后；头稍抬，目视左前方。

◆步骤三

身体左转，重心后坐，右腿屈膝，左腿伸直，拧腰晃肩，带动双臂前后画弧形摆动，右拳摆至左膝前上方，拳心朝后，左拳摆至体后，拳心朝后；目视左前方。

3

4

◆步骤四

身体右转，重心前移，左腿屈膝，右腿伸直，左臂内旋、前靠，左拳摆至左膝前上方，拳心朝左，右拳摆至体后，拳心朝后；目视左前方。

5

◆步骤五

身体重心向左移，右髋随之上提，牵动右脚离地；同时右腿屈膝、抬起，双掌握空拳，再变“熊掌”；目视右前方。

◆步骤六

身体重心前移，右脚迈向右前方，全脚踏实，脚尖朝前，左腿随之伸直，身体向左转，右臂内旋、前靠，右拳摆至右膝前上方，拳心向右；左拳摆至体后，拳心向后；头稍抬，目视右前方。

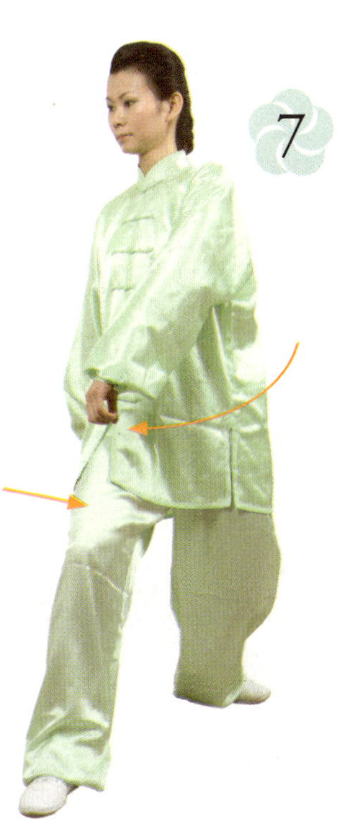

◆步骤七

身体右转，重心后坐，左腿屈膝，右腿伸直，拧腰晃肩，带动双臂前后画弧形摆动，左拳摆至右膝前上方，拳心朝后，右拳摆至体后，拳心朝后；目视右前方。

◆步骤八

身体左转，重心前移，右腿屈膝，左腿伸直，右臂内旋、前靠，右拳摆至右膝前上方，拳心向右，左拳摆至体后，拳心朝后；目视右前方。

◆步骤九

重复此套动作1遍，左脚上步，双脚成开步站立，同时，双手自然垂于体侧；目视前方。

◆步骤十

双掌向身体两侧前方抬起，掌心向上，约与胸同高；目视前方。

◆步骤十一

双臂屈肘，双掌内合、下按，自然垂于体侧；目视前方。

猿，生性好动、活泼敏捷，折枝攀树，善于跳跃。习练猿戏，主要针对内、外两方面练习，即外练肢体的灵活敏捷，使动作犹如疾风闪电，迅速异常；内练精神的平静安宁，即静之万籁无声，如皓月当空。最终，使身体达到外动内静、动静相宜的境界。

猿戏·第一式

猿提

健身功效

“猿钩”的动作可增强神经及肌肉的反应能力和灵敏性；而双掌的上提及下按，带动了颈、肩、腹的运动，可改善呼吸及脑部供血；提脚跟直立，可增强腿部力量，从而提高人体的平衡能力。

动作口诀

双手体前捏成钩，
提钩耸肩脚跟抬。
头正肩沉钩变掌，
下按体侧目前方。

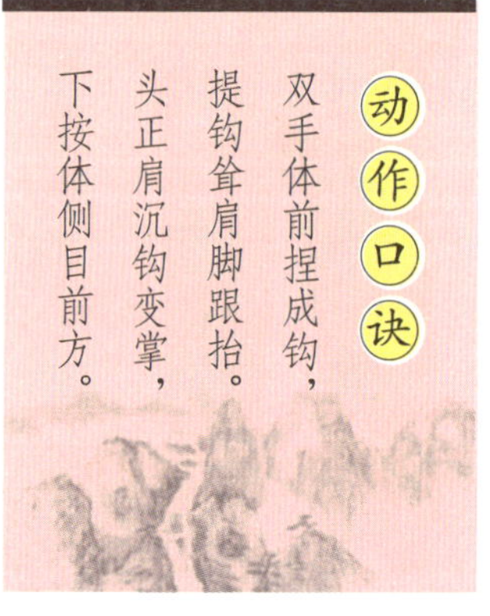

◆步骤一

双手置于体前，手指伸直分开，然后再屈腕捏拢成“猿钩”。

◆**步骤二**

两“猿钩”上提至胸，双肩耸起，收腹提肛；同时两脚跟提起，头向左转动；目随头动，视身体左侧。

◆**步骤三**

转正，双肩下沉，松腹落肛，脚跟着地，“猿钩”变掌，掌心向下；目视前方。

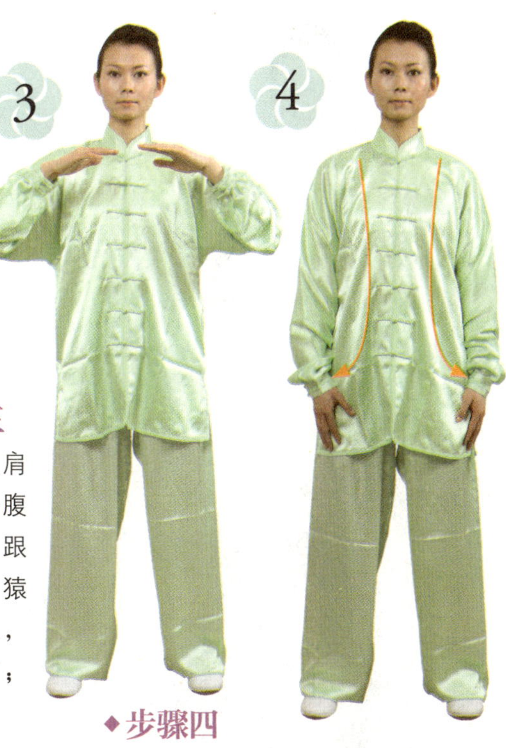

◆**步骤四**

双掌沿体前下按落于体侧；目视前方。

◆**步骤五**

双手置于体前，手指伸直分开，然后再屈腕捏拢成“猿钩”。

◆**步骤六**

两“猿钩”上提至胸，双肩耸起，收腹提肛；同时两脚跟提起，头向右转动；目随头动，视身体右侧。

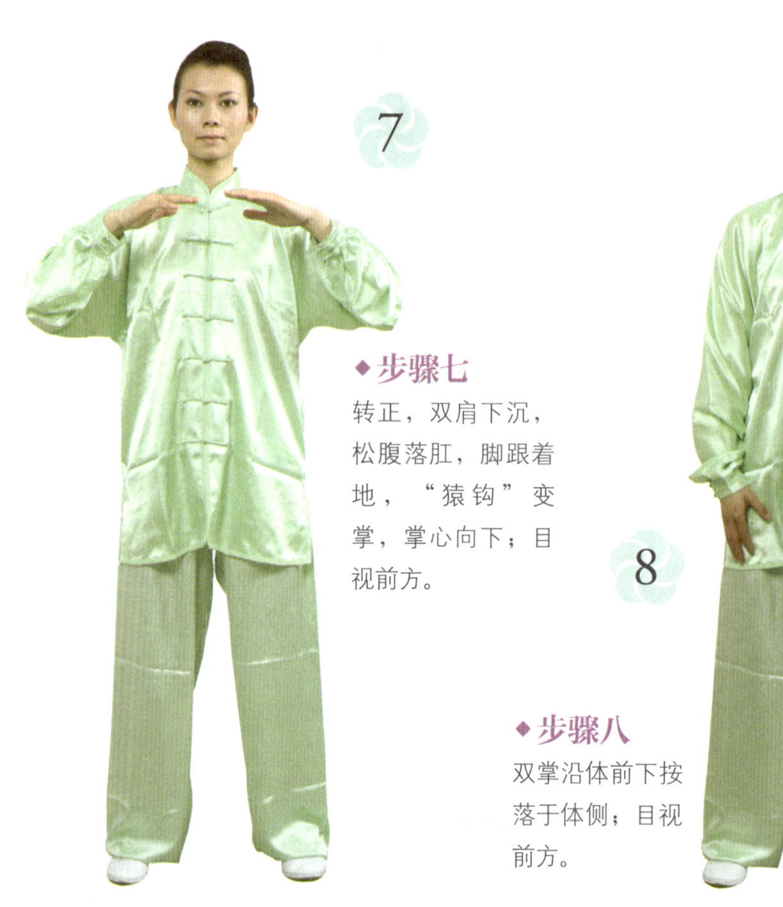

◆**步骤七**

转正，双肩下沉，松腹落肛，脚跟着地，“猿钩”变掌，掌心向下；目视前方。

◆**步骤八**

双掌沿体前下按落于体侧；目视前方。

动作要领

手指捏拢变“钩”时，速度稍快。

配合呼吸法，双掌上提时吸气，提起会阴部；双掌下按时呼气，放下会阴部。

上提重心时，要按耸肩、收腹、提肛、脚跟离地、转头的顺序做，且每一个动作都要充分、到位。

常见习练误区

误区一 脚跟离地后，重心不稳，身体前俯，且耸肩缩颈不充分。

正确练法：头部百会穴上顶，从而牵动身体垂直向上，进而起到稳定重心的作用。

误区二 重心下落时，没有顺序，直接脚跟落地。

正确练法：重心下落时，要先松肩，再松腹、落肛，最后脚跟着地。

猿戏·第二式

猿摘

动作分解

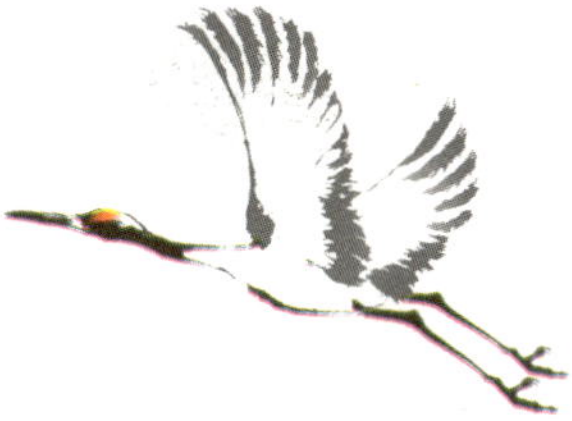

健身功效

眼神的左张右望，利于颈部运动，促进脑部循环；而模拟猿猴摘桃的动作，可以减轻神经系统的紧张度，对减缓压力、辅助治疗精神忧郁具有很好的作用。

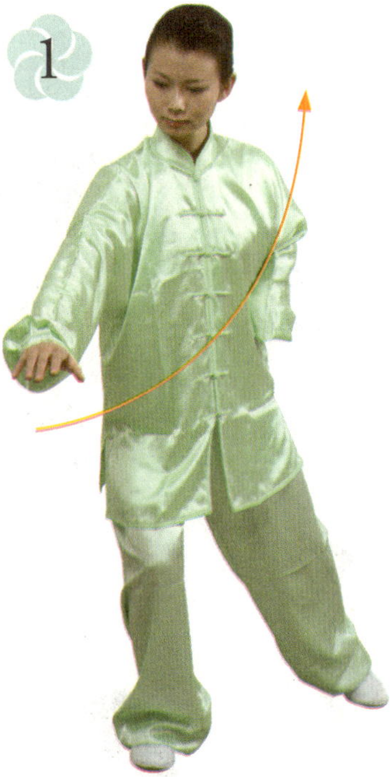

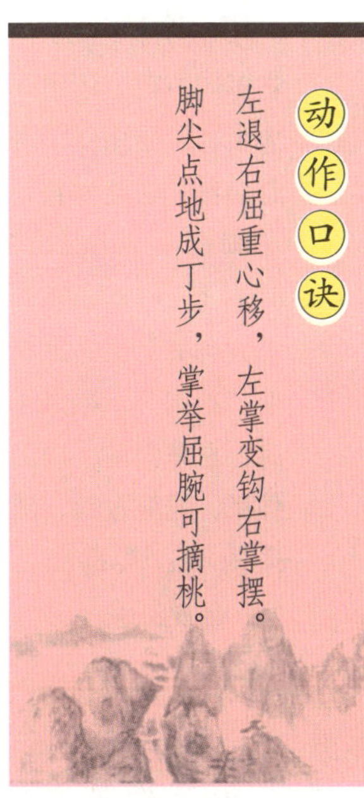

1

◆步骤一

左脚向左后方退一步，脚尖点地，右腿屈膝，重心随之落于右腿；同时左臂屈肘，左掌变“猿钩”收至左腰侧面，右掌向右前方摆起，掌心向下。

2

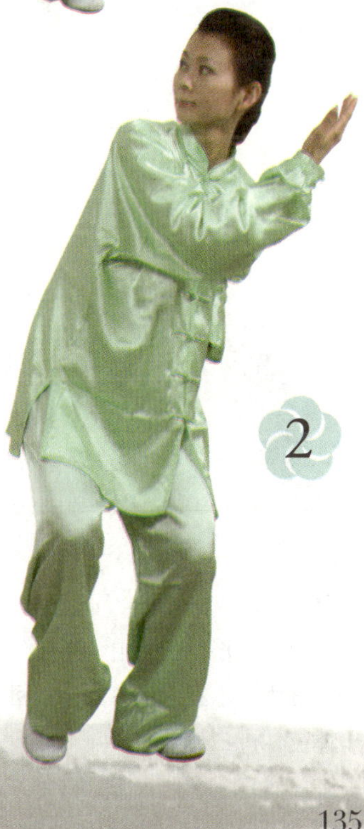

◆步骤二

身体重心后移，左脚踏实，屈膝下蹲，右脚收于左脚内侧，脚尖点地；同时，右掌向下经腹前向左上方画弧至头左侧，掌心对着太阳穴；眼睛先随右掌移动，再转头注视右前上方。

◆**步骤三**

右掌内旋，掌心向下，顺体侧下按至左髋侧；同时身体重心稍向下，目视右掌。

◆**步骤四**

右脚向右前方迈出一大步，左腿蹬伸，重心前移，右腿伸直，左脚脚尖点地；同时右掌经体前向右上方画弧至头右上侧变“猿钩”，稍高于肩；左掌向前、向上伸举，屈腕捏钩，成采摘状；头略向上仰，目视左手。

◆**步骤五**

身体重心后移，左手由“猿钩”变为“握固”，右手变掌，自然回落于体侧，虎口朝前。

◆**步骤六**

左腿屈膝下蹲，右脚收至左脚内侧，脚尖点地；同时左臂屈肘，收至左耳旁，掌心向上，掌指分开，成托桃状，右掌经体前向左画弧至左肘下捧托；目视左掌。

8

◆步骤八

身体重心后移，右脚踏实，屈膝下蹲，左脚收于右脚内侧，脚尖点地；同时，左掌向下经腹前向右上方画弧至头右侧，掌心对着太阳穴；眼睛先随左掌移动，再转头注视左前上方。

◆步骤七

右脚向右后方退一步，脚尖点地，左腿屈膝，重心随之落于左腿；同时右臂屈肘，右掌变“猿钩”收至右腰侧面，左掌向左前方摆起，掌心向下。

10

◆步骤九

左掌内旋，掌心向下，顺体侧下按至右髋侧；同时身体重心稍向下，目视左掌。

◆步骤十

左脚向左前方迈出一大步，右腿蹬伸，重心前移，左腿伸直，右脚脚尖点地；同时左掌经体前向左上方画弧至头左上侧变“猿钩”，稍高于肩；右掌向前、向上伸举，屈腕捏钩，成采摘状；头略向上仰，目视右手。

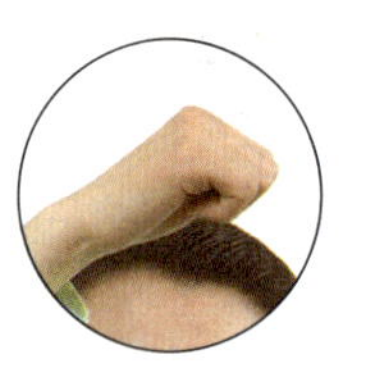

11

◆**步骤十一**

身体重心后移，右手由“猿钩”变为“握固”，左手变掌，自然回落于体侧，虎口朝前。

12

◆**步骤十二**

右腿屈膝下蹲，左脚收至右脚内侧，脚尖点地；同时右臂屈肘，收至右耳旁，掌心向上，掌指分开，成托桃状，左掌经体前向右画弧至右肘下捧托；目视右掌。

13

◆**步骤十三**

重复此套动作1遍，然后左脚横开一步，双腿直立，同时双手自然垂于体侧；目视前方。

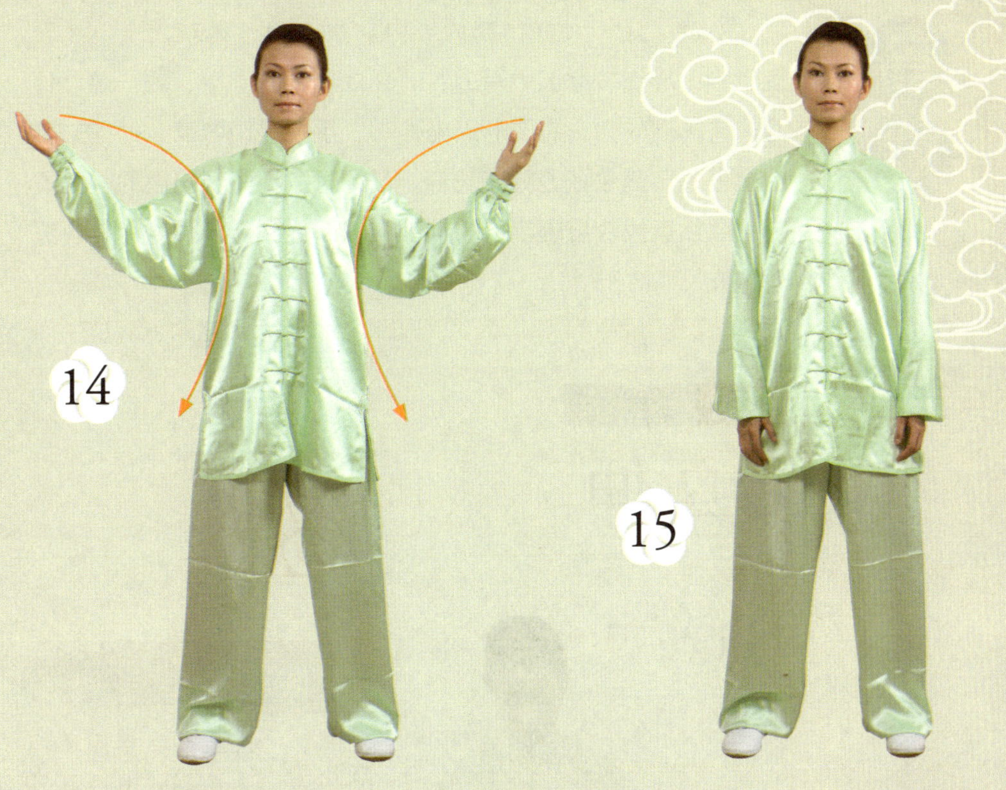

◆ **步骤十四**

双掌向身体侧前方举起，约与胸同高，掌心向上；目视前方。

◆ **步骤十五**

双臂屈肘，双掌内合、下按，自然垂于体侧；目视前方。

常见习练误区

误区一 摘桃时，手臂向上直线推出，“猿钩”变化太快或太慢。

正确练法：采摘时，手的运动路线呈向上弧形，动作到位时，手掌才变“猿钩”。

误区二 上、下肢动作配合不够协调。

正确练法：下蹲时，手臂屈伸，上臂靠近身体；蹬伸时，手臂充分展开。

◎活跃经络，灵活四肢

鸟戏，是一种模仿鹤的导引功法，为五禽戏之一。《云笈七签·导引按摩》中写道："鸟戏者，双立手，翘一足，伸两臂，扬眉鼓力，右二七。坐伸脚，手挽足距各七，伸缩二臂各七也。"鹤象征着健康长寿。习练时，要表现出鹤的轻盈安详、傲然挺拔、悠闲自得的神韵，从而达到活跃周身经络、灵活四肢关节的作用。

鸟戏·第一式

鸟伸

动作分解

健身功效

双手前伸后摆，可以疏通经脉之气，而上举下按，可以增加肺活量，加强肺部功能，进而缓解慢性支气管炎、肺气肿等病症。

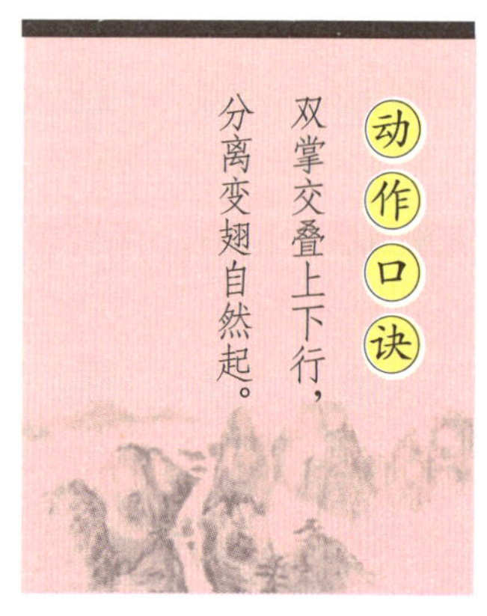

◆ **步骤一**

双腿微屈下蹲，双掌在腹前相叠，左手、右手位置随个人习惯。

◆**步骤二**

双掌保持交叠，向上举至头前上方，掌心向下，指尖水平向前，身体随之微微前倾，提肩、缩颈、挺腹、塌腰；目视前下方。

◆**步骤三**

双腿微微弯曲、下蹲；同时双掌相叠，保持水平下按至腹前；目视双掌。

◆**步骤四**

身体重心右移，右腿蹬直，左腿伸直向后抬起；同时双掌左右分开，手掌变为“鸟翅”，并向体侧后方自然摆起，掌心向上，抬头、伸颈、挺胸、塌腰；目视前方。

◆**步骤五**

双腿微屈下蹲，双掌在腹前相叠，左手、右手位置随个人习惯。

动作要领

配合呼吸法，即双手上举时吸气，双手下按时呼气。

注意动作的松紧变化，手上举时，颈、肩、臀部紧缩；下落时，双腿微屈，颈、肩、臀部松沉。

双臂后摆时，身体向上伸展，并形成向后反弓状。

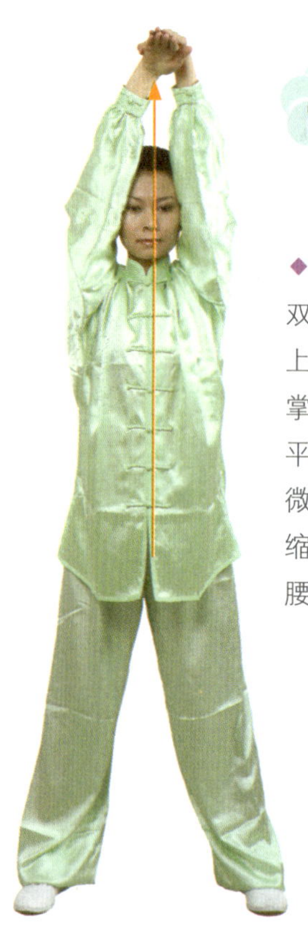

6

◆步骤六

双掌保持交叠，向上举至头前上方，掌心向下，指尖水平向前，身体随之微微前倾，提肩、缩颈、挺腹、塌腰；目视前下方。

7

◆步骤七

双腿微微弯曲、下蹲；同时双掌相叠，保持水平下按至腹前；目视双掌。

◆步骤八

8

身体重心左移，左腿蹬直，右腿伸直向后抬起；同时双掌左右分开，手掌变为“鸟翅”，并向体侧后方自然摆起，掌心向上，抬头、伸颈、挺胸、塌腰；目视前方。

9

◆步骤九

将此套动作重复做1遍，右脚下落，双脚开步站立，双手自然垂于体侧；目视前方。

鸟戏·第二式

鸟飞

健身功效

双臂的上下运动并配合呼吸，可以起到按摩心、肺的作用，增强血氧交换能力；手指的上翘紧绷，可以加强肺部经气的流通，进而提高心、肺能力；提膝独立运动，可以增强人体的平衡力。

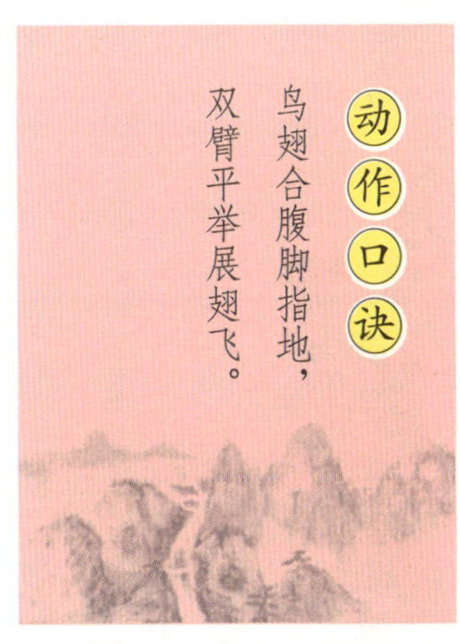

动作口诀

鸟翅合腹脚指地，
双臂平举展翅飞。

动作分解

◆步骤一

双腿微屈，双掌成“鸟翅”状合于腹前，掌心相对；目视前下方。

◆步骤二

右腿伸直独立，左腿屈膝抬起，脚尖指向地面，小腿自然下垂；同时双臂成展翅状，沿体侧向上平举，约与肩同高，掌心向下；目视前方。

3

4

◆步骤三

左脚下落于右脚旁，脚尖点地，双腿微屈；同时双掌合于腹前，掌心相对；目视前下方。

◆步骤四

右腿伸直独立，左腿屈膝上提，脚尖指地，小腿自然下垂；同时双掌经体前向上举至头顶上方，双臂尽量伸直，掌背相对，指尖向上；目视前方。

5

6

7

◆步骤七

左腿伸直独立，右腿屈膝抬起，脚尖指向地面，小腿自然下垂；同时双臂成展翅状，沿体侧向上平举，约与肩同高，掌心向下；目视前方。

◆步骤五

左脚下落于右脚旁，全脚掌着地，双腿微屈。

◆步骤六

双腿微屈，双掌成“鸟翅”合于腹前，掌心相对；目视前下方。

◆步骤八

右脚下落于左脚旁，脚尖点地，双腿微屈；同时双掌合于腹前，掌心相对；目视前下方。

◆步骤九

左腿伸直独立，右腿屈膝上提，脚尖指地，小腿自然下垂；同时双掌经体前向上举至头顶上方，双臂尽量伸直，掌背相对，指尖向上；目视前方。

◆步骤十

右脚下落于左脚旁，全脚掌着地，双腿微屈；同时双掌掌心相对，合于腹前；目视前下方。

◆步骤十一

再将此套动作重复1遍，然后双掌向身体侧前方举起，掌心向上，约与胸同高；目视前方。

◆步骤十二

再双臂屈肘，双掌内合、下按，自然垂于体侧；目视前方。

·收势

引气归元

健身功效

引气归元势将练功时所得的体内、体外之气，导引归入丹田，起到和气血、通经脉、理脏腑的功效；而搓手、浴面又将气息逐渐平和，利于收功。

动作图解

1

◆ 步骤一

双掌经体侧上举至头顶上方，掌心向下；目视双掌。

2

◆ 步骤二

双掌指尖相对，沿体前缓慢下按至腹前；目视前方。

3

◆ 步骤三

双掌于体前慢慢画弧，掌心相对，高约与脐平；目视前方。

◆步骤四

双手在腹前合拢，虎口交叉、叠掌；眼微闭静养，呼吸调匀，意守丹田。

◆步骤五

数分钟后，双眼慢慢睁开，双手在胸前搓掌至热。

6

◆步骤六

双掌贴面部，上下摩擦，浴面3～5遍。

7

8

◆步骤七

双掌顺头顶、耳后、胸前下落，垂于体侧；目视前方。

◆步骤八

左脚提起与右脚并拢，前脚掌先着地，后全脚掌踏实，恢复成预备势；目视前方。

动作要领

配合呼吸法，即双掌上举时吸气，双掌下落时呼气。意念随双手而行，上举时，如捧气在头。

双掌由上向下按时，身体各个部位随之放松，直达脚底涌泉穴。

双掌相叠时，男性左掌在上，女性右掌在上。

双掌在胸前画平弧时，要自然衔接，有种收拢物体的感觉。

常见习练误区

误区一 双掌上举带动双肩上抬，胸廓上提。

正确练法： 双掌上举时，重心固定，肩膀下沉放松。

误区二 双掌在腹前画平弧时，没有目标，路线不清。

正确练法： 双掌运行时将意念放在掌心。

附录二

强筋健骨
易筋经

养生易筋经

易筋经是传统的养生功法，据传为少林达摩老祖所创。它汲取了五禽戏、八段锦和中医经络学说之精华，其目的是通过易筋经的修炼，使人强身健体、增气壮力。

易筋经的起源和发展

易筋经的起源

易筋经是中国古代流传下来的一套健身养生方法，千百年来，由于其动作连贯舒缓、易学易练，还具有修心养神、御邪疗疾、延年益寿等显著功效，而深受广大群众的喜欢，成为现代人日常生活中的最佳健身运动方式之一。

关于易筋经的起源，一直众说纷纭，佛说佛理，道说道源。现在，普遍有两种说法。一种说法认为易筋经应该起源于秦汉时期的导引术。导引术是从原始社会的巫术发展而来的，到春秋战国时已成为各养生家所必练的项目。到唐宋年间，易筋经被佛家修士改编，至明代便开始流传于社会。

另一种说法认为易筋经起源于"五禽戏"和"八段锦"。因为三者不仅在修炼本源和指导思想上极为一致，

韦驮献杵

摘星换斗

三盘落地

卧虎扑食

时间上也颇符合演化规律。而提到五禽戏，其实早在汉代时就已非常系统和完善，到唐代时更是发展出许多流派；而关于八段锦的最早文字记录则出现在北宋政和年间。随着时间的推移，易筋经一词也开始出现，大约到清代中晚期时才真正确定下来。不过，从目前的文献资料看，前一种观点似乎更具有说服力。因为，1974年，在湖南长沙马王汉墓出土的帛画《导引图》中，有四十多幅姿势各异的导引图，与现今易筋经相对照，发现易筋经的基本动作都可以在其中找到原型，这无疑更能证明易筋经来自于中国的传统文化，而绝非外来物。

易筋经的发展

易，改变、脱换的意思；筋，就是筋脉、肌肉、筋骨，也包括血管、神经、韧带等组织；经，是方法、指南、权威性著作之意。三个字合起来，意思一目了然，即为活动筋骨的权威之作。在《易筋经》原文中，有这样一段话："筋驰则病，筋挛则瘦，筋靡则痿，筋弱则懈，筋缩则亡，筋壮则强，筋舒则长，筋劲则刚，筋和则康。"用"易筋"之法来锻炼人体肌肉，改善人体经脉，调节人体筋脉，真是外练筋骨，内壮脏腑，健身又强体。易筋经作为一种纯粹的武学技术，其本质就在于作用、改造人体的生理功能，使普通人体能获得超常的或者是对固有生理极限的突破，这才是易筋经千年不衰的生命力所在。但是，其实在很长的时间内，易筋经一直不被世人所熟悉，更别提习练。除了少林寺和一些注重养生之人对其参悟较透外，普通百姓可以说是对其知之甚少。如今，由于易筋经简单易学，对场地和器材没有任何要求，而且动作舒缓优美，效果明显，已成为人们的必修"功课"。尤其是中老年群体，对其更为喜爱，他们通过习练不仅可以调节正在衰退的人体机能，还可以愉悦心理，强身健体，延年益寿。而易筋经也反复证明——儿童修习易筋经，可以改善体质虚弱；青少年习练易筋经，利于发育，使身体更强壮有力；中年人习练易筋经，能缓解压力，调节心理，舒畅情绪，消除疲劳，补充精力；老年人或有疾病的患者习练易筋经有助于提高体质，恢复健康。另外，易筋经对于女性更具好的功效，不仅可以促进体内氧气的供给，能使女性焕发出新的活力，更能塑形修身，养颜燃脂。

由此可见，易筋经已经开始进入全民时代，相信在不久的将来，更多人会陶醉于易筋经的舒缓与优美之中！

 易筋经的功法特点和养生功效

易筋经的功法特点

◆简单易学，群体不限

易筋经刚柔并济，动作简单，尤其适合体弱多病者和中老年人。而且习练易筋经对场地要求不限，可大可小，只要双脚可平稳站立，利于活动即可。

◆扭身转体，强筋利骨

身体充分放松，上肢、下肢自然舒展，内心保持平静愉悦，只有这样，才算真正达到习练易筋经的基本要求。而在习练时，不论是胳膊还是腿部、躯干、脊背。都要充分屈伸扭转，只有在此基础上，易筋经的功效才有助于发挥，也才会更好地达到强身健体的作用。

◆柔中带刚，动中有静

习练易筋经最明显的特点就是动作舒缓柔和，和谐连贯，犹如行云流水，犹如数千条小溪娓娓而集。此套功法刚柔并济，看似轻盈，实则充满力道；看似有力，却又绵绵如雨。此外，练易筋经时必须保证全身上下都动起来，从而使运动更为协调，达到养生益寿的目的。

◆旋转屈伸的支柱——脊柱

脊柱，又称脊梁，是人体直立的主要“柱子”之一。由椎骨、韧带、脊髓等组成。而神经系统是由位于颅腔和椎管里的脑及脊髓，还有周围神经所组成，它控制和协调各个器官系统的活动。所以，脊柱的旋转屈伸可以刺激神经系统，增强其控制和调节功能。另外，脊柱的运动还可带动四肢、内脏动起来，从而达到形神合一、祛病益寿的目的。

易筋经的神奇养生功效

促血液，强筋骨

易筋经的动作特点之一就是要心宁气平，肢体舒展，所以，习练易筋经时，不论是上肢还是下肢，躯干还是关节，都要完全、彻底、充分地屈伸、收缩、扭转，从而起到牵拉身体各部位骨骼及关节的作用。并且，要尽可能多角度、多方位地活动，争取使身体处于柔和而充满力道的“动”中，长期坚持，既可提高肌肉、肌腱、韧带等组织的柔软性、灵活性，还可促进血液循环，加速新陈代谢，从而达到强健筋骨的目的。

祛病疗疾，延年益寿

现代医学证明，长期习练易筋经，能加强人体血液循环，改善内脏功能，延缓衰老，而且对有心血管疾病、呼吸系统疾病、消化系统疾病以及尿频尿急、头痛头晕、失眠多梦等病症也有较好的疗效。另外，习练易筋经时要求心情宁静，全身放松，保持一种良好的情绪，再配合着身体的扭转拉伸，手足推挽，这既利于调整失调的生理功能，也可达到祛病健身、延年益寿的目的。但需要注意的是，易筋经运动量较大，动作难度较高，适宜体力充沛者，对于体质虚弱的人，如果想练，谨记要量力而行。

调阴阳，通血气

《黄帝内经》有语：“阴平阳秘，精神乃治；阴阳离决，精气乃绝。”大意就是，人体里的阴阳之气决定着身体的健康。而习练易筋经，可以增强人体真气的运行，使大脑和身体得到充分的放松和休息，从而达到阴阳平衡、形神统一、全身协调的效果。

对于气方面，中医认为：“气为血之帅，血为气之母。”气，是维持生命活动的最基本物质，它温养肌肤、抵御外邪，同时还参与着脏腑的活动。血，是神经活动的补给站，它穿行于全身，起着营养和滋润全身的作用。而易筋经正是以中医经络走向和气血运行来指导气息的升降，会使关窍通利，气血流畅，从而改善气血运行，达到强身健体的目的。

易筋经习练指南

习练准备

（1）易筋经流畅自然，如果配上舒缓轻柔的音乐，可以引导人更好地入静。

（2）习练前要全身放松，闭目静心。

（3）做一些预热活动，尤其是冬天，比如压腿、踢腿等，可防止过度牵拉而受伤。

（4）易筋经的不同“势”对不同病症具有相应功效，可进行针对性地加练，比如患有颈肩病，可以多习练韦驮献杵第一势、韦驮献杵第二势、韦驮献杵第三势、摘星换斗势及出爪亮翅势。但总体来说，还是以整套习练为宜。

习练要求

（1）精神放松，形意合一：习练易筋经要求精神放松，意识平静，不作其他意念引导，要求意随形体动作的运动而变化。即在习练中，以调身为主，通过动作变化导引气的运动，达到健体养生的作用。

（2）呼吸自然，贯穿始终：习练易筋经时，要求呼吸自然、柔和、流畅，以利于身心放松、心平气和及身体的协调运动。以自然呼吸为主，动作始终和呼吸保持协调。

（3）刚柔相济，虚实相兼：易筋经动作有刚有柔，且刚柔之间是不断转化的。否则，用力过刚，则会出现拙力和僵力，以致影响呼吸，破坏心境；动作过柔，则会出现疲软、松懈，不仅不会起到良好的功效，反而容易起到反作用。

（4）循序渐进，不可操之过急：习练易筋经时，可根据自己的年龄、体质、健康状况和身体条件等实际情况，灵活地选择各势动作的活动幅度或姿势，不必强求。同时还要遵循由易到难、由浅到深、循序渐进的原则。

习练易筋经的宜忌

宜忌

时间宜忌

（1）饭前、饭后45分钟内不宜习练。

（2）有失眠症状的睡前不宜练。

（3）在《易筋经》原文中，有提到“日行三次”，即每日早、中、晚各三次。如果三次无法坚持，可以早、晚各练一次，一次练两遍，功效不减。

（4）心血管病患者上午不宜练，因为此时的血压和体温较高。

（5）冬日气温较低，应选择太阳出来，即9点以后去习练，此时不仅温度有所上升，而且污染物较少。

身心宜忌

（1）情绪较为激动时不宜练。

（2）心情烦躁郁闷时不宜练。

（3）剧烈运动后不宜练。

（4）饱胀、饥渴、酗酒等情况下不宜练。

刚柔宜忌

（1）动作过程中，身体要将力气“软化”，谨记放松。

（2）手臂回收时，忌随意散漫，要松腕、沉肩、坠肘。

（3）动作定势时，宜加强肌肉的力量。

（4）忌用蛮力、硬力，尤其对颈、肩、腰、腿患者，不仅会适得其反，还会使病情加重。

要领宜忌

（1）忌浮躁、杂念，要内心平静，自然放松，做到意随形走，意气相随。

（2）刚柔配合，虚实协调。

（3）特定动作配合发音，比如“三盘落地势”中，身体下蹲、两掌下按时，要口吐“嗨”音。

（4）忌急于求成、强求动作完美，一定要结合自身实际情况进行习练。

手型

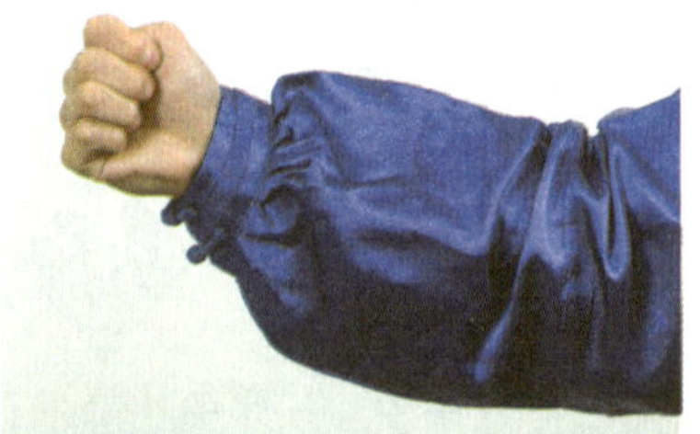

大拇指抵掐无名指根，其余四只并拢捻定拇指。

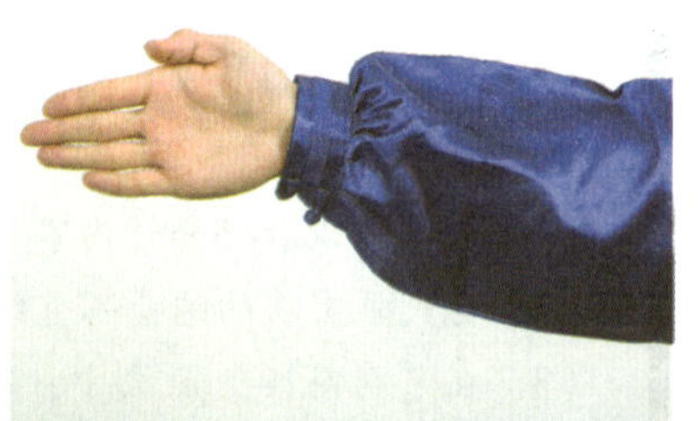

五指伸直，自然并拢。

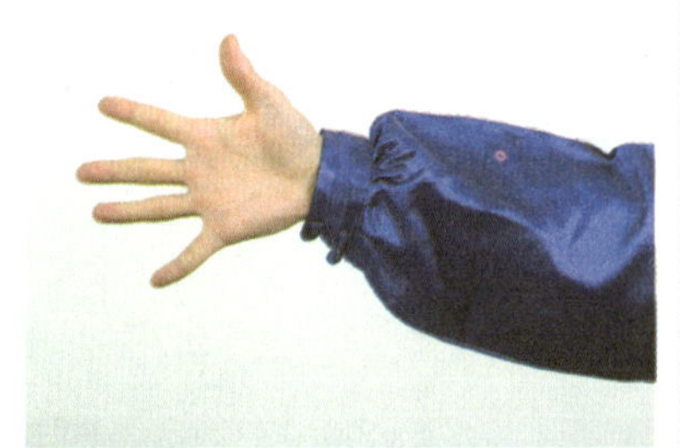

五指伸直，张开。

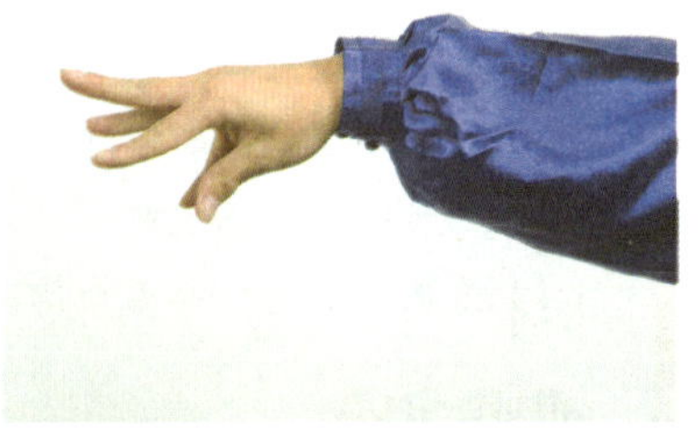

五指伸直，分开，拇指、食指、无名指、小指内收与中指成45°角。

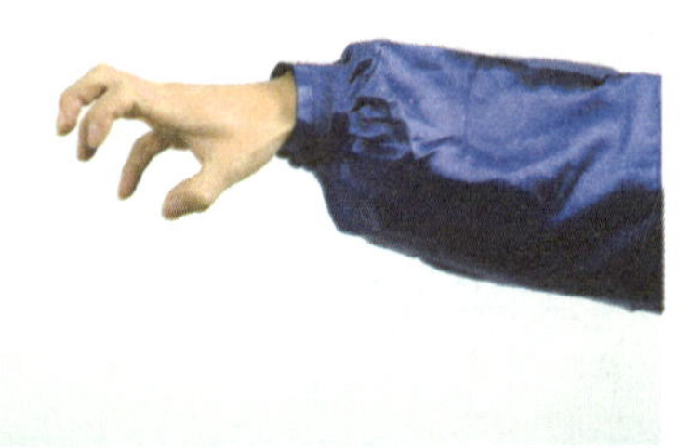

五指张开，虎口尽量撑圆，手指的第一、二指弯曲内扣，体现虎爪一样力道。

步型

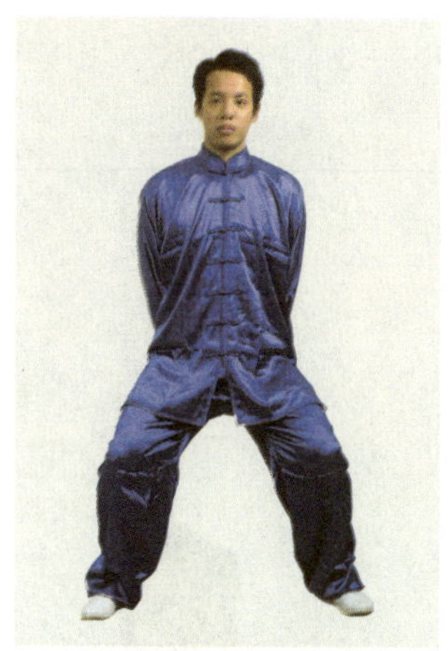

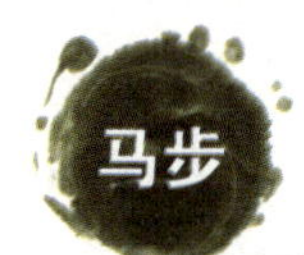

马步

两脚分开站立，脚间距离约为脚长的2～3倍，然后屈膝半蹲，大腿略高于水平线。

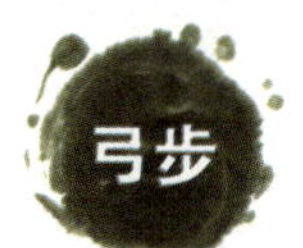

弓步

身体直立，一脚向前跨出一大步，且双腿之间保持一定的距离，然后前腿弯曲，直到大腿与地面近于平行，膝盖与脚尖相对，脚尖微内扣；后腿自然伸直，全脚掌着地，脚跟蹬地，脚尖微内扣。

丁步

双脚分开，间距约10~20厘米；双腿微屈膝半蹲，左脚脚跟提起，脚尖虚点地面，置于后脚足弓处；右脚全脚着地。如左脚脚尖提起，则为左丁步；反之，为右丁步。

分步图解

刚柔相济易筋经

健身功效

预备势虽然动作简单，但通过调整呼吸，百会虚领，可以达到宁静心神、内安五脏、外正身形的效果。

·易筋经

起势

动作分解

步骤：双脚并拢站立，双手自然垂于体侧，五指并拢微屈。下颌微收，百会虚领，唇齿合拢，舌自然平贴于上腭；头正颈直，目视前方。

动作要领

身体中正，放松

排除杂念，宁心静气。

调理呼吸，自然匀畅。

TIPS:

·术语小贴士·

百会虚领：百会，即百会穴，位于头部正中线与两耳尖连线的交点处；虚领，即上顶时颈部肌肉要放松，不能僵硬。

百会虚领的意思就是感到百会穴处有一股劲徐徐往上升。

常见习练误区

误区 心浮，杂念多；手脚摆放不自然。

正确练法：可通过调息数次使心理、身体恢复自然，从而逐渐进入练功状态。

·第一式

韦驮献杵第一势

健身功效

第一式中，通过两臂回收、两掌相合的动作，既可起到气定神敛、均衡身体、改善神经系统的效果，有助于血液循环，消除疲劳。

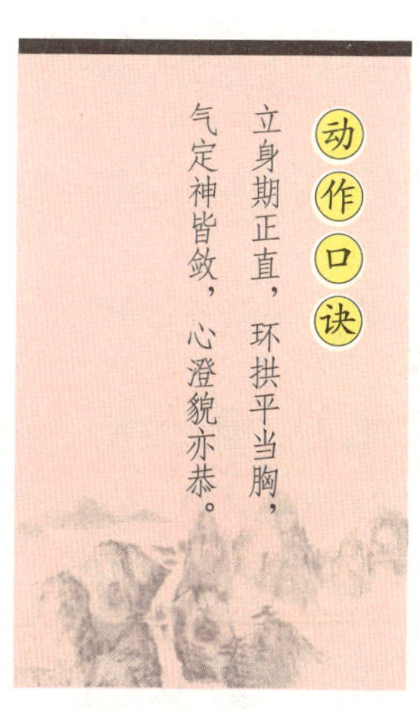

◆**步骤一**

左脚向左侧开步，间距约半步，两脚平行，且与肩同宽，两膝微微弯曲，成开立姿势；双手自然垂于体侧，五指自然并拢。

◆**步骤二**

两臂自体侧向前平举，至与肩平行，掌心相对，指尖向前。

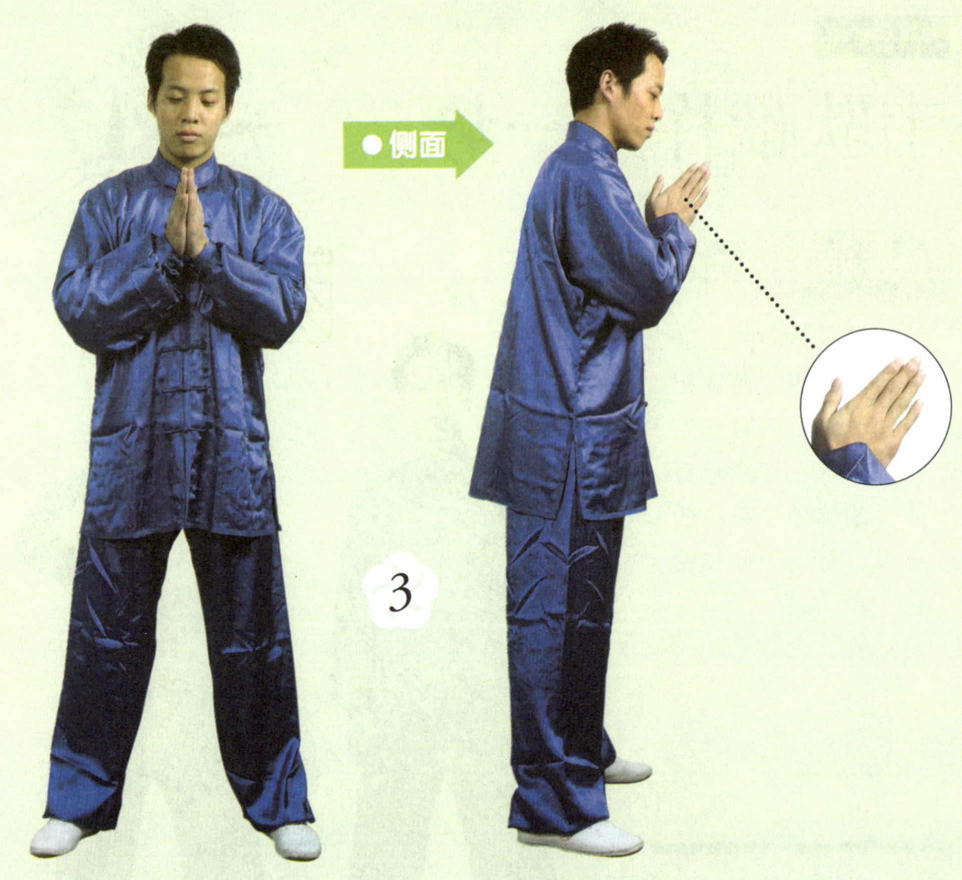

◆步骤三

两臂屈肘，自然回收，两掌合于胸前，两手掌根与膻中穴同高，指尖向斜前上方约30°，虚腋；目视前下方，动作稍停。

动作要领

两掌合于胸前时，应与膻中穴同高，且稍停片刻，松肩虚腋，以达气定神敛之功效。如果两掌高于膻中穴，易导致抬肘，从而造成肩部肌肉紧张；如果两掌低于膻中穴，两肩会松懈。这两种情况都不利于功法的习练。

虚腋一定要做到位，这一动作给人的感受犹如腋下夹个鸡蛋。

常见习练误区

误区 两掌合于胸前时，抬肘或坠肘。

正确练法：保持心情舒畅宁静，动作自然放松，且注意幅度的调整即可。

·第二式

韦驮献杵第二势

健身功效

立掌外撑时，也要使两肩关节主动外展，从而带动整个上肢的充分伸展，这样可以提高肩、臂的肌肉力量，达到抻筋拔骨的功效，进而改善肩关节的活动能力。另外，第二式还具有疏理上肢经络，调练心、肺之气，改善呼吸功能及气血运行的作用。

1　　2

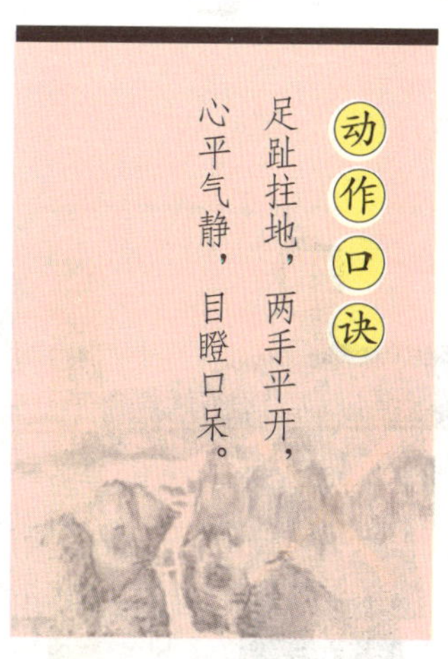

动作口诀

足趾拄地，两手平开，
心平气静，目瞪口呆。

◆步骤一

两肘向上慢慢抬起，直至掌、臂约与肩平，两掌伸平，掌心向下，手指相对。

◆步骤二

两掌水平向前伸展打开，保持掌心向下，指尖向前，至两臂平行。

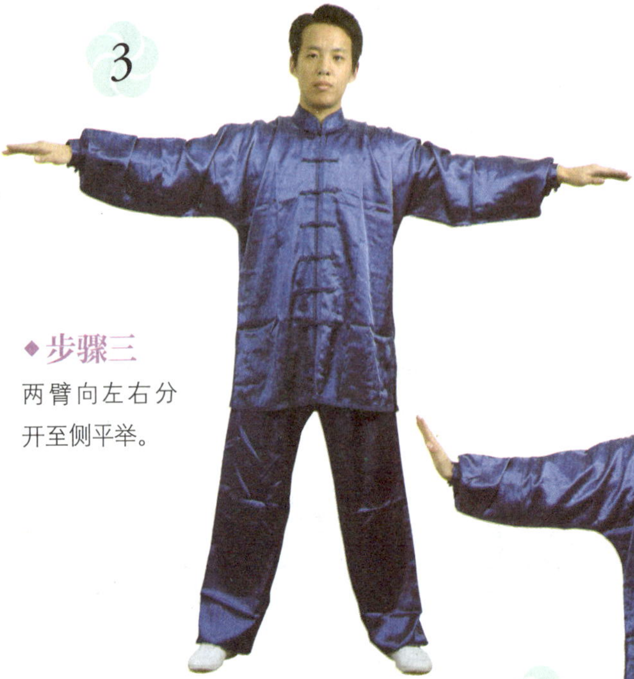

◆ **步骤三**

两臂向左右分开至侧平举。

◆ **步骤四**

五指自然并拢，坐腕立掌，两足趾抓地，目视前下方。

动作要领

保持呼吸自然，气定神敛。

坐腕立掌时，以掌根为基，两掌用力外撑，两脚趾抓地。

错误：

常见习练误区

误区 两臂侧平举时不呈水平状。

正确练法： 做到心中有数，自然伸直，约与肩同高。

·第三式

韦驮献杵第三势

健身功效

第三式在习练上，整体趋势是向上伸展，因而可以调理五脏六腑经络及内外、上下之气，具有改善肩关节活动能力的功能，促进全身血液循环的功效。

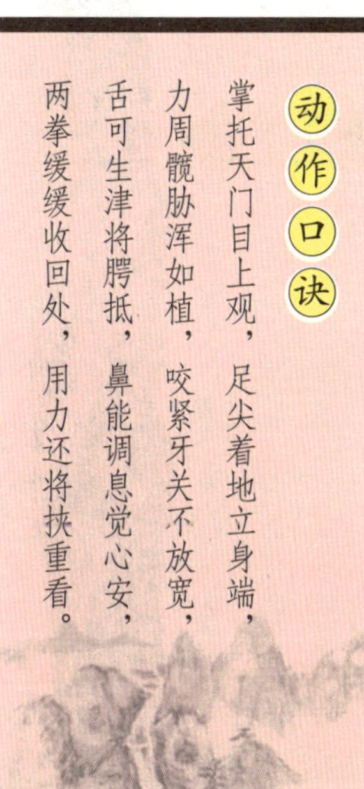

◆步骤一

松腕，两臂平举自然，向前画弧，内收至胸前平屈，掌心向下，掌与胸相距约一拳，目视前下方。

动作要领

两掌上托时，重心稍向前移，前脚掌支撑，力达四肢，下沉上托，脊柱竖直。

上托时，目视前方，自然呼吸，意念关注两掌。

体弱者或老年人，可自行调整脚后跟抬高的高度。

2

◆ 步骤二

两掌同时内翻，且抬高至耳垂下，掌心向上，虎口相对，两肘外展，约与肩平行。

侧面

3

◆ 步骤三

身体重心前移，感到全身的支撑点在前脚掌上，缓慢提脚后跟；同时，两掌上托至头顶，掌心向上，展肩伸肘；微收下颌，舌抵上腭，咬紧牙关，稍立片刻。

常见习练误区

误区 两掌上托时，夹臂；目视两掌。

正确练法： 两掌上托时，伸肘，两臂夹耳，注意松肩虚腋；下颌收回，心神宁静，目视前下方。

·第四式

摘星换斗势

健身功效

第四式通过阳掌转阴掌（掌心向下）的动作导引，目视掌心，意存命门，将发动的真气收敛，下沉入腰间两肾及命门，可达到活动颈椎各关节及壮腰健肾、延缓衰老的功效。

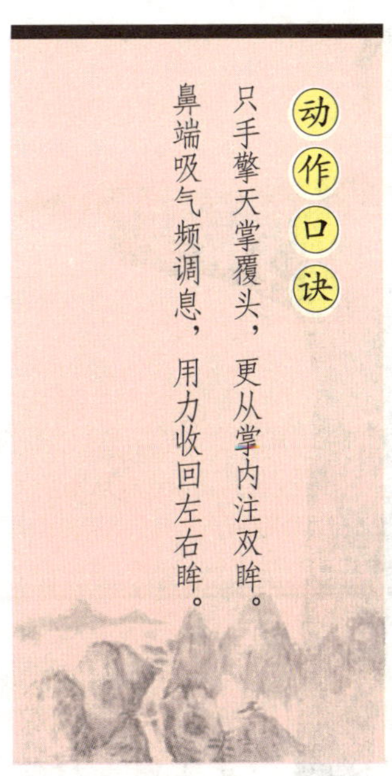

◆步骤一

两脚跟缓缓落地，同时，两手握拳，拳心向外，两臂下落至侧上举。

◆步骤二

两拳缓缓展开成掌，掌心斜向下，全身放松；目视前方。

◆ 步骤三

身体左转，膝盖微屈；同时，右臂上举经体前下摆至左髋关节外侧，右掌自然张开“摘星”；左臂经体侧下摆至体后，左手背轻贴命门；目视右掌。

Attention

*注：右摘星换斗势与左摘星换斗势动作相同，唯方向相反。

◆ 步骤四

直膝，身体转正；同时，右手经体前向额上摆至头顶右上方，松腕，肘微微弯曲，掌心向下，手指向左，中指尖垂直于肩髃穴；左手背轻轻贴住命门。右臂上摆时，眼随手走，定势后目视掌心。

◆ 步骤五

静立片刻，两臂向体侧自然伸展。换右侧，做右摘星换斗势。

·第五式

倒拽九牛尾势

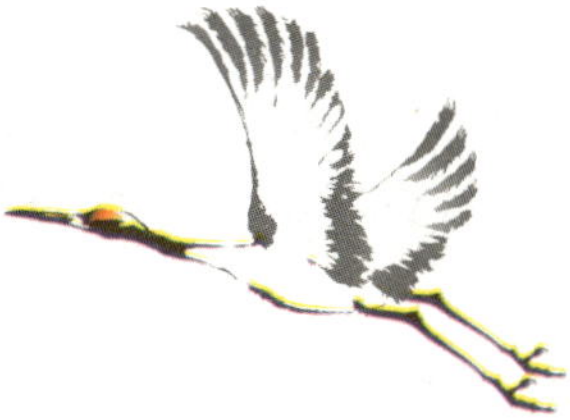

健身功效

通过腰的扭动，带动肩胛活动，从而刺激背部夹脊、肺俞、心俞等穴，达到锻炼背部，调练心、肺，改善血液循环，提高肌肉力量及身体协调性的目的。

动作口诀

两髋后伸前屈，小腹运气空松，
用力在于两膀，观拳须注双瞳。

动作分解

1

◆步骤一

接上式。双膝微屈，身体重心右移，左脚向左侧后方约45°撤步，右脚跟内转，右腿屈膝成右弓步；同时左手内旋，向前、向下画弧后伸，手指从小到大逐个内屈成拳，拳心向上；右手向前上方画弧，伸至与肩平，手臂微向上弯，且手指亦逐个内屈成拳，拳心向上；身体重心向后移，左膝微屈，腰稍右转，以腰带肩，以肩带臂，右臂外旋，左臂内旋，屈肘内收；目视右拳。

2

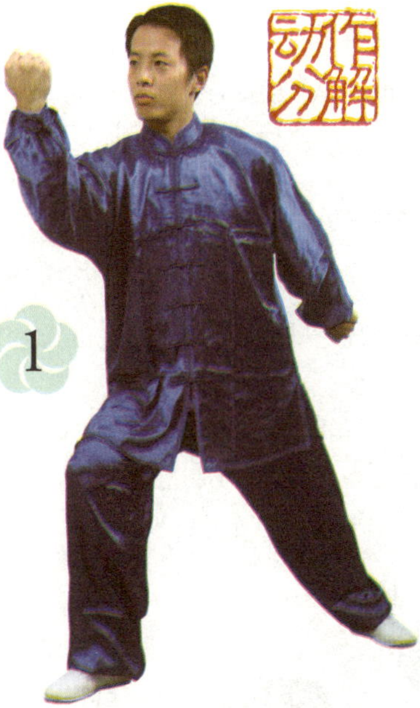

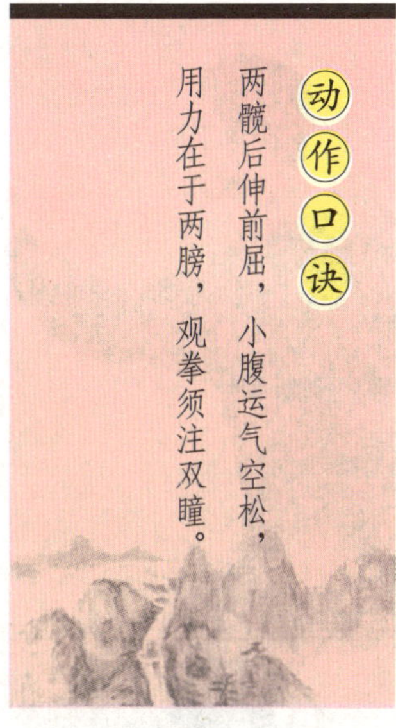

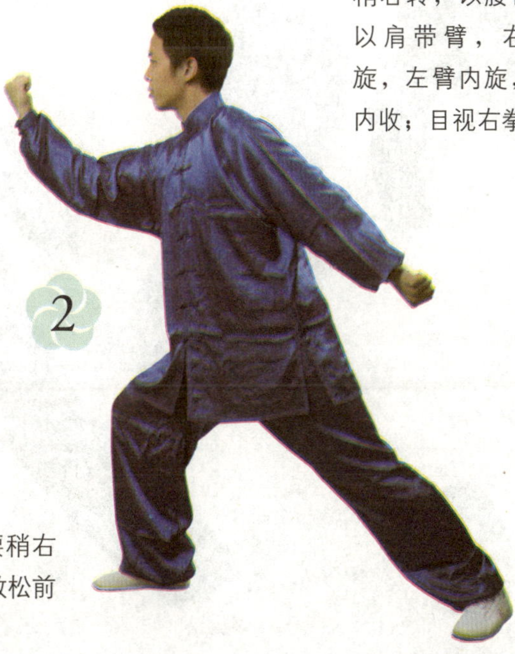

◆步骤二

身体重心前移，屈膝成弓步；腰稍右转，以腰带肩，以肩带臂，两臂放松前后伸展；目视右拳。

◆ 步骤三

身体重心前移至右脚，左脚收回，右脚尖转正，成开立姿势；同时，两臂自然垂于体侧；目视前方。

动作要领

以腰带肩，以肩带臂，以臂带拳，力贯双膀。

身体放松与用力一样，也是从腰到拳逐个部位放松。

拉伸旋转时，要注意松紧适宜，与腰部运动紧密配合。

后退步时，注意掌握重心，保持身体平稳。

◆ 步骤四

换方向，做左倒拽九牛尾势。

·第六式

出爪亮翅势

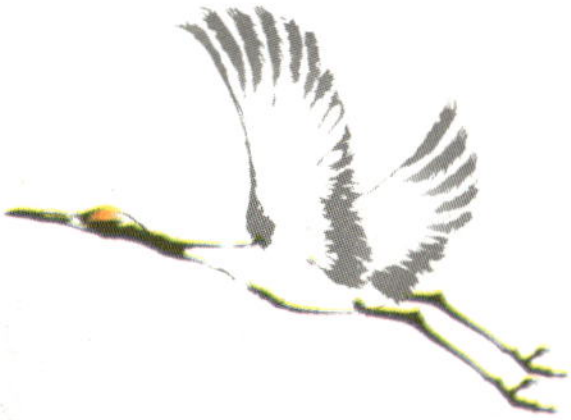

健身功效

中医认为“肺主气，司呼吸”。出爪亮翅势通过伸臂推掌、屈臂收掌、展肩扩胸的动作导引，可反复启闭云门、中府等穴，从而促进自然之清气与人体之真气在胸中交会融合，达到改善呼吸功能的功效。另外，还可以提高上肢肌肉的力量，改善气血运行。有颈、肩病的患者，也可适当多练习，有较好的治疗效果。

动作口诀

挺身兼怒目，
推手向当前，
用力收回处，
功须七次全。

动作图解

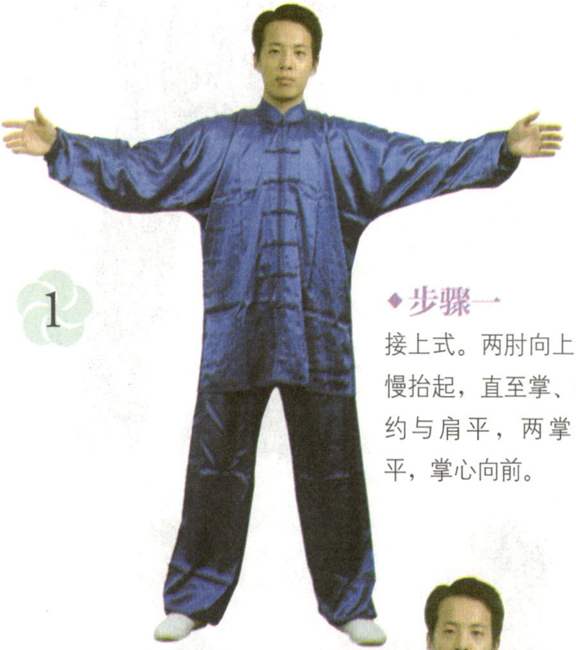

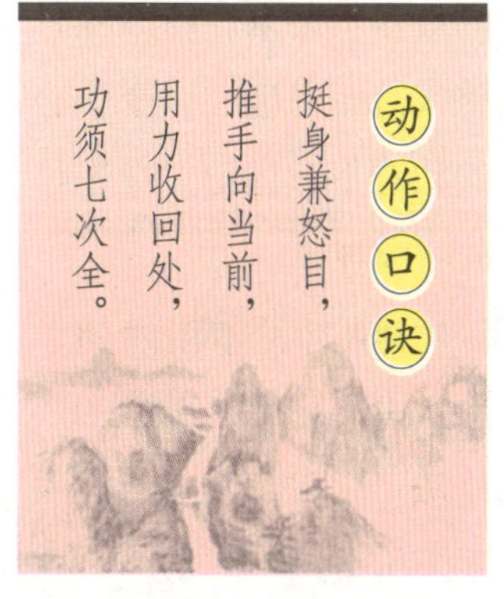

1

◆步骤一

接上式。两肘向上慢慢抬起，直至掌、臂约与肩平，两掌伸平，掌心向前。

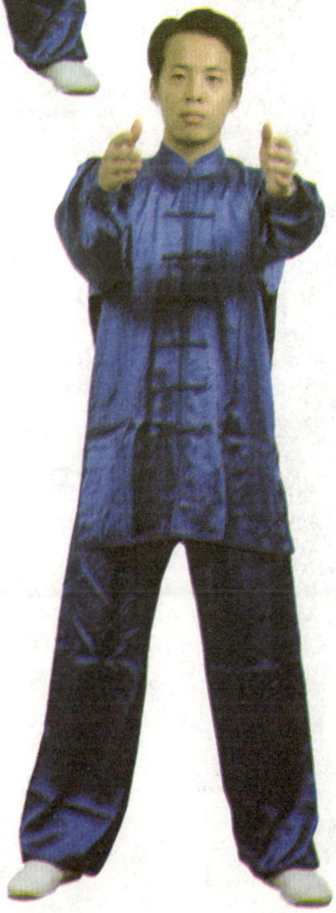

2

◆步骤二

两臂平行前移，环抱至体前，两手变柳叶掌立于云门穴前，间距略小于胸宽，指尖向前；目视前下方。

动作要领

收掌时自然吸气，如海水还潮；推掌时自然呼气，先轻推，后重推。

出掌时为荷叶掌，收掌于云门穴时为柳叶掌，且要扩展双肩。

◆ 步骤三

打开肩膀，扩展胸部，然后放松肩部，两臂缓缓前伸，并逐渐转掌心向前，成荷叶掌，指尖向上；瞪目。

◆ 步骤四

松腕，肘微屈，收臂，十指微屈，虚掌。重复步骤三、步骤四做3~7遍。

◆ 步骤五

立柳叶掌于云门穴，目视前下方。

常见习练误区

误区一 呼吸不自然，不匀畅。

正确练法： 呼吸自然是习练易筋经的最基本要求，所以练时需调整气息，保证在一个宁静舒心的状态下，谨记“推呼收吸”的呼吸规律。

误区二 推掌时，不用内劲，而是用蛮力，且肩膀耸起。

正确练法： 出掌时，要肩胛内收，逐渐用力。

·第七式

九鬼拔马刀势

健身功效

通过身体扭曲、伸展等运动，使全身真气开合启闭，达到活动脾胃、疏通关节、强肾护肾的功效。

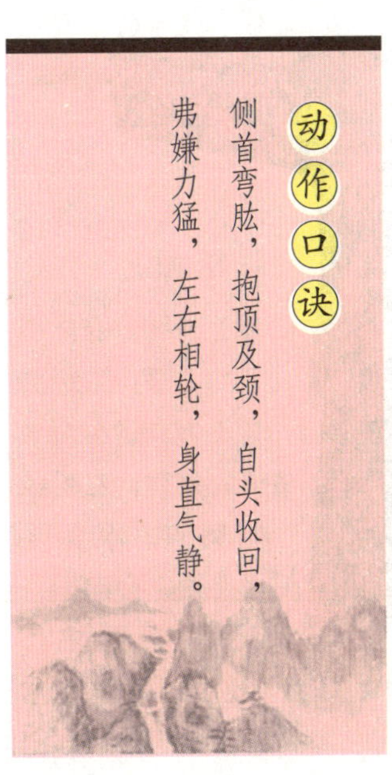

动作口诀

侧首弯肱，抱顶及颈，自头收回，弗嫌力猛，左右相轮，身直气静。

动作分解

1

◆步骤一

躯干向右转，同时，右手外旋，掌心向上；左手内旋，掌心向下，两掌相对。

2

◆步骤二

打开身体，右手由胸前内收，经右腋下后伸，掌心向外；同时，左手由胸前伸至前上方，掌心向外。

3

◆步骤三

体稍稍向左转，双手反向画弧，右手经体侧向左前方摆至头左前方后屈肘，由后向左绕头半周，头右转，右手中指按压耳郭，手掌扶按玉枕；同时，左手经体左侧下摆至左后，屈肘，手背贴于脊柱，掌心向后，指尖向上；定势后视后方。

4

◆步骤四

身体向右转，展臂扩胸；目视右上方，动作稍停。

6

5

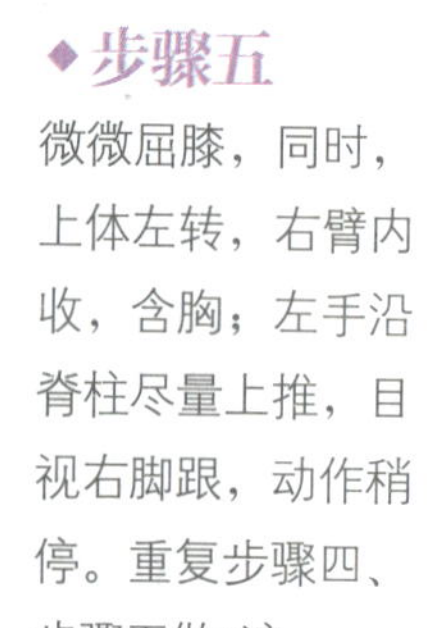

◆步骤五

微微屈膝，同时，上体左转，右臂内收，含胸；左手沿脊柱尽量上推，目视右脚跟，动作稍停。重复步骤四、步骤五做3遍。

◆步骤六

伸直双膝，身体转正；右手向上经头顶上方向下至侧平举；同时，左手经体侧向上至侧平举，两掌心向下；目视前下方。右九鬼拔马刀势与左九鬼拔马刀势动作、次数相同，唯方向相反。

·第八式

三盘落地势

健身功效

此势动作可增强腰、腹及下肢的力量，提高肢体的活动功能，同时还具有壮丹田之气、强腰固肾的作用。

◆步骤一

左脚向左侧开步，两脚距离约宽于肩，脚尖向前，两手经体侧向上至平举，掌心向下；目视前下方。

动作口诀

上腭坚撑舌，张眸意注牙，
足开蹲似踞，手按猛如禽。
两掌翻齐起，千斤重有加，
瞪睛兼闭口，起立足无斜。

2

◆步骤二

屈膝，下蹲，沉肩，坠肘，两掌逐渐用力向下按，约与环跳穴同高，两肘微微弯曲，掌心向下，指尖向外；同时，口吐“嗨”音，吐尽时，舌尖向前轻抵上下牙之间，吐音终止。

3

Attention

* 注：整套动作重复3遍。第一遍微蹲；第二遍半蹲；第三遍全蹲。

◆步骤三

掌心向上翻转，肘微屈，双掌上托至侧平举，同时，缓缓起身直立；重复此套动作3遍。

动作要领

习练三盘落地势需配合“嗨”音，口微张，音从喉发出。

下蹲时，松腰、裹臀；起身时，两掌如托千斤重物。

常见习练误区

误区 下蹲时，直臂下按，且忽略“嗨”音。

正确练法：下蹲时，肘微屈，两掌逐渐下按，记着还要口吐“嗨”音。

错误：

·第九式

青龙探爪势

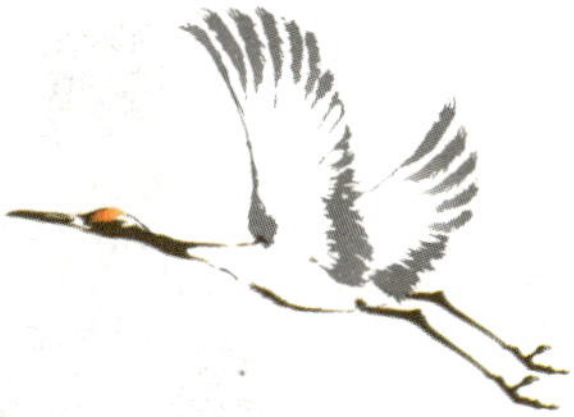

健身功效

中医认为“两肋属肝”“肝藏血，肾藏精”，二者同源。通过转体、左右探爪及两手“握固”并贴于章门穴，可达到改善腰部及下肢肌肉的活动功能，具有舒肝调脾的功效。

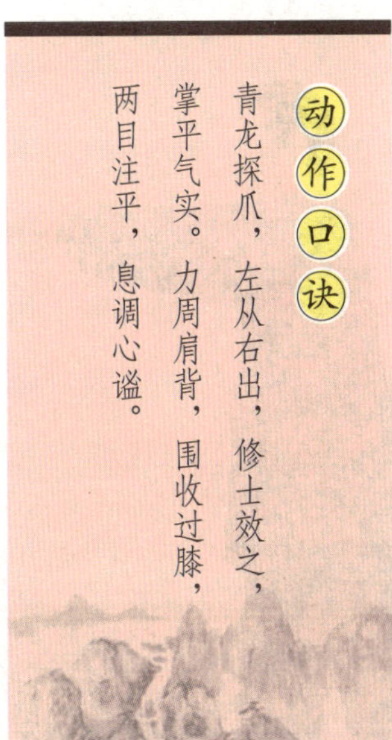

动作分解

1

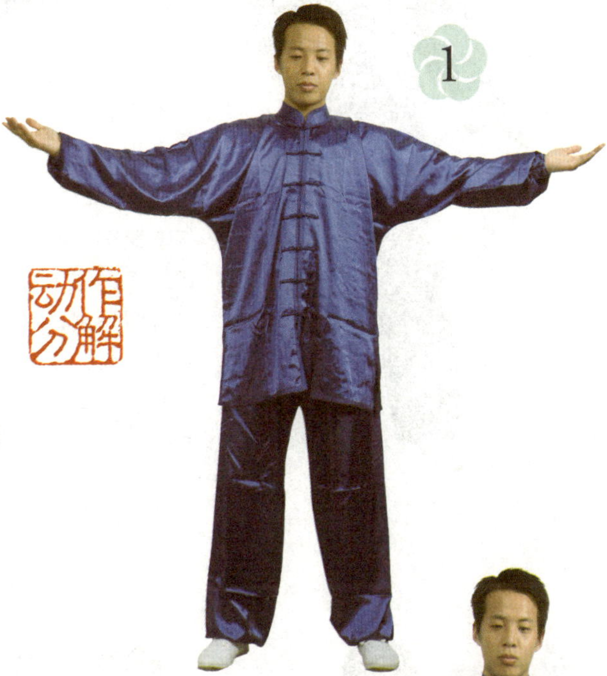

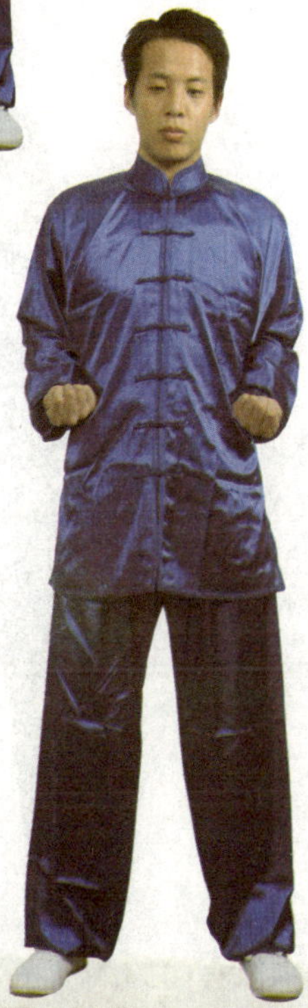

◆步骤一

接上势。左脚收回半步，约与肩同宽；两手握固，两臂屈肘内收至腰间，拳轮贴于章门穴，拳心向上；目视前下方。

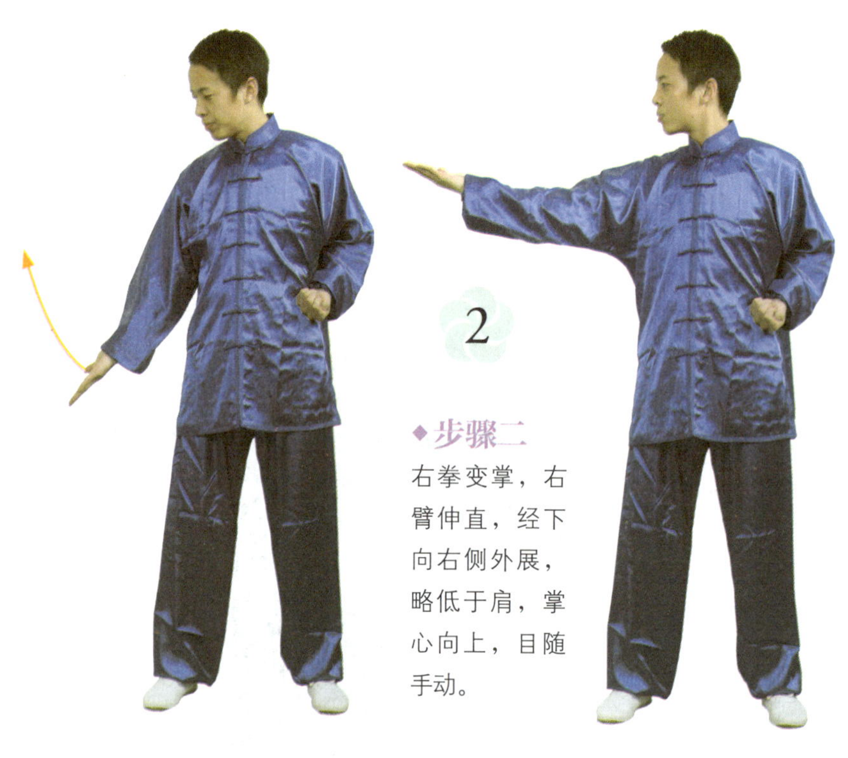

◆步骤二

右拳变掌，右臂伸直，经下向右侧外展，略低于肩，掌心向上，目随手动。

◆步骤三

右臂屈肘，松腕，右掌变“龙爪”，指尖向左。

◆步骤四

身体随之向左转约90°，目视“右龙爪”所指方向。

◆ 步骤五

“右龙爪”变回掌，身体随之向左前屈，掌心向下按至左脚外侧；目视下方。

◆ 步骤六

身体由左前屈转至右前屈，并带动右手经左膝或左脚前画弧至右膝或右脚外侧，手臂外旋，掌心向前，握固；目随手动视下方。

◆ 步骤七

上体抬起，直立；右拳随上体抬起，收于章门穴，拳心向上；目视前下方。右青龙探爪势与左青龙探爪势动作相同，唯方向相反。

动作要领

步骤二中，手掌起来时，要直体转身，不要斜肩、弯腰。

变“龙爪”时，五指要伸直，分开，不要弯曲。除大拇指外的其余四指要内收，力在“爪心”。伸臂探“爪”，下按画弧，力注肩背，且膝盖不能弯曲，动作要自然、协调。年老和体弱者前俯下按或画弧时可根据自身状况调整幅度。

·第十式

卧虎扑食势

健身功效

中医认为“任脉为阴脉海”，统领全身阴经之气。通过卧虎扑食之势，身体的后仰、胸腹的伸展，可使任脉得以疏伸及调养，畅通血气，调整整个身体的经阴之气。

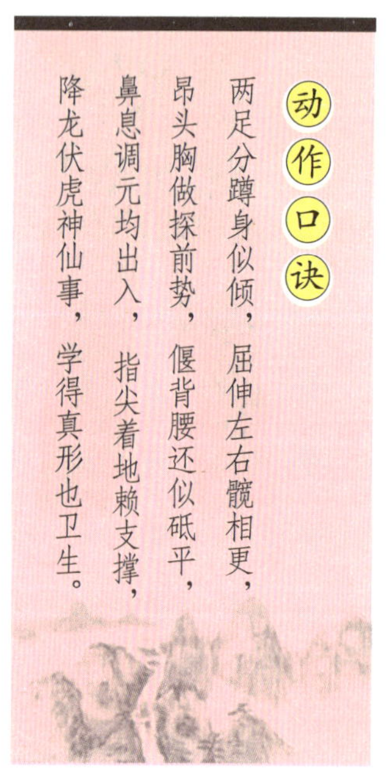

动作口诀

两足分蹲身似倾，屈伸左右髋相更，
昂头胸做探前势，偃背腰还似砥平，
鼻息调元均出入，指尖着地赖支撑，
降龙伏虎神仙事，学得真形也卫生。

1

步骤一

右脚尖内扣约45°，左脚收至右脚内侧成丁步；同时身体左转90°，两手握固于腰间章门穴不变；目随转体，视左前方。

步骤二

左脚向前迈一大步，成左弓步状；同时，两拳提至肩部云门穴，并内旋变“虎爪”，肘稍屈，向前扑按，如虎扑食；目视前方。

2

3

◆步骤三

身体由腰到胸逐节屈伸，重心随之前后适度移动；同时，两手随身体屈伸向下、向后、向上、向前绕环各一周。

Attention

*注：右卧虎扑食势与左卧虎扑食势动作相同，唯方向相反。

4

◆步骤四

上体下俯，两“爪”下按，十指指腹着地；后脚屈膝，脚趾着地；前脚跟稍抬起，随后塌腰、挺胸、抬头、瞪目；动作稍停。

5

◆步骤五

起身，双手握固重新收于腰间章门穴，身体重心随之后移，左脚尖内扣约135°；身体重心左移，同时，身体右转180°，右脚收至左脚内侧，成丁步。

常见习练误区

误区 右掌变龙爪时，眼睛没有随着手动，且手指弯曲；身体前俯时，双腿弯曲，动作幅度过大。

正确练法：变爪时，要目随“爪”走，意存“爪”心；前俯时，幅度要适宜，膝盖直立。

·第十一式

打躬势

动作分解

健身功效

中医认为“督脉为阳脉之海”，总督一身阳经之气。而打躬势通过头、颈、胸、腰、髋椎逐节牵引屈伸，使背部的督脉得到充分锻炼，带动全身经气发动，起到了改善腰背、强健腰腿、消除大脑疲劳的功效。

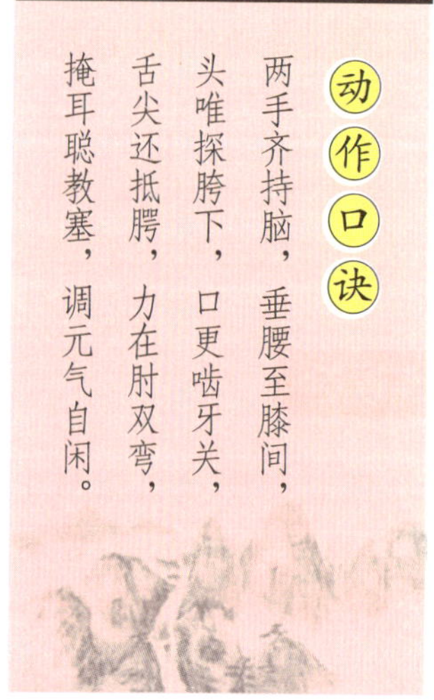

动作口诀

两手齐持脑，垂腰至膝间，
头唯探胯下，口更啮牙关，
舌尖还抵腭，力在肘双弯，
掩耳聪教塞，调元气自闲。

1

◆步骤一

接上式。起身，身体重心后移，然后再将身体转正；右脚根内扣，脚尖向前，左脚收回成开立姿势；同时，两手随身体右转放松，外旋，掌心向前，双臂外展至侧平举；目视前方。

2

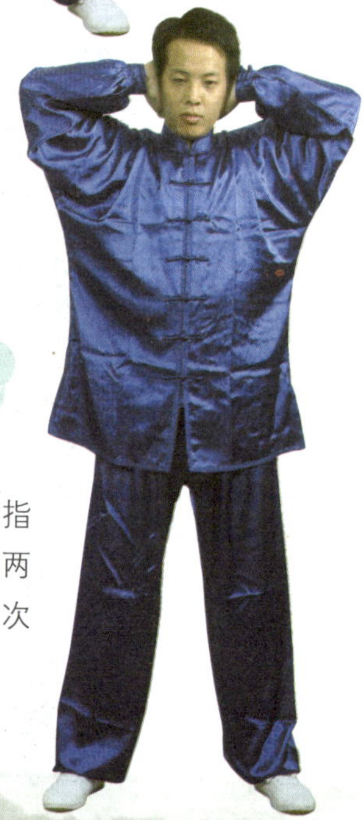

◆步骤二

双臂屈肘，以两掌掩耳，十指扶按枕部，指尖相对，并以两手十指弹拨中指击打枕部7次（鸣天鼓）；目视前下方。

◆ **步骤三**

身体前俯，由上向下，经过头、颈椎、胸椎、腰椎、骶椎，逐节缓缓牵引前屈，动作要缓慢，两腿伸直；目视脚尖，停留片刻。

Attention

*注：重复步骤三、步骤四做3遍，并逐渐加大身体前屈幅度，稍停。第一遍前屈小于90°，第二遍前屈约90°，第三遍前屈大于90°，年老体弱者可分别前屈约30°、45°和90°。

◆ **步骤四**

由骶椎至腰椎、胸椎、颈椎、头，由下向上依次缓缓逐节伸直后直立；同时两掌掩耳，十指扶按枕部，指尖相对；目视前下方。

动作要领

身体前俯时，要直膝，两肘外展。年老和体弱者，不需要非弯到90°，关键是要做到逐渐前屈和拔伸，要根据自身情况灵活调整。

打躬势的定势中，身体有3次前伸和伸展，脊柱需分别向上和向下做拔、拉动作。

身体起来时，发力在腰，逐渐向上。

习练时忌动作太快，一定要做到放松、自然。

常见习练误区

误区 身体前俯时，腰直、腿弯，动作太快。

正确练法：前俯过程中要先低头，紧接着脊椎、胸椎、腰椎节节拔伸。实际上，这一过程是用头牵引整个脊椎缓缓在动，双腿一定要站直，不能屈膝。

·第十二式

掉尾势

健身功效

掉尾势中的抬头、翘臀利于任脉的伸展和对督脉的刺激，而身体的反复摇摆更可疏理任、督二脉，从而调和全身气脉，锻炼腰、背肌肉的力量，练功后全身感到舒适、轻松，且有助于改善脊柱各关节的活动功能。

1

◆步骤一

接上式。起身直立后，两手猛然拔离双耳（即拔耳）。

动作口诀

膝直膀伸，推手至地，
瞪目昂头，凝神一志。

2

◆步骤二

手臂自然前伸，十指交叉相握，掌心向内。

◆步骤三

屈肘，翻掌向前伸，掌心向外。

Attention

＊注：年老体弱者，动作幅度可减小。

◆步骤四

再次屈肘，转掌心向下，内收于胸前。

◆步骤五

身体前屈，塌腰、抬头，两手交叉缓缓下按；目视前方。

◆步骤六

头向左后转，同时，臀向左前扭动；目视尾闾。

◆ **步骤七**

两手交叉不动，放松，还原至体前屈。

◆ **步骤八**

头向右后转，同时，臀向右前扭动；目视尾闾。

◆ **步骤九**

两手交叉不动，放松还原至体前屈。重复步骤六至步骤九做3遍。

动作要领

高血压、颈椎病患者和年老体弱者，头部动作应小而轻缓。另外，应根据自身情况调整身体前屈和臀部扭动的幅度和次数。

配合动作，自然放松，呼吸均匀，排除杂念。

扭头与转臀的时候，头与臀部的运动方向是相同的。

！常见习练误区

误区 为了触地而屈膝，为了看尾闾而刻意甩臀、扭转身体。

正确练法：身体前屈时，就算双手无法着地，只要“意念”到达地面，也可达到同样的效果；而在回头看尾闾时，最好固定交叉手，一定要抬起头，这样身体就不会随便乱动了。

收势

健身功效

通过上肢的上抱下引动作，可引气回归于丹田，起到协调全身肌肉、放松关节的作用。

◆**步骤一**

双手松开，两臂外旋；同时，上体缓缓直立，两臂伸直外展于体侧，上举，掌心向上。

2

◆**步骤二**

松肩，两臂内收，两掌经体前下引至腹部，掌心向下；目视前下方。

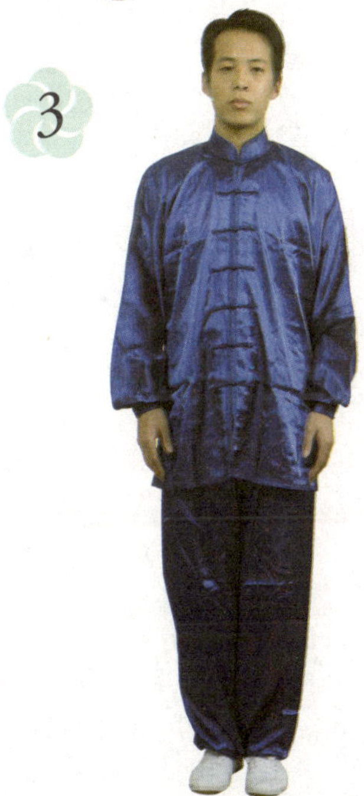

◆**步骤三**

左脚收回，两臂垂于体侧；舌抵上腭；目视前方。动作重复做3遍。

图解八段锦太极拳一看就懂

文图提供

北京阳光图书工作室

功法演示

周庆海 王凤华